REENCONTRAR
O PRÓPRIO
CENTRO

Dados Internacionais de Catalogação na Publicação (CIP)
(Câmara Brasileira do Livro, SP, Brasil)

Grün, Anselm
  Reencontrar o próprio centro : como lidar com a instabilidade emocional e alcançar a harmonia interior / Anselm Grün, Donata Müller ; tradução de Vilmar Schneider. – Petrópolis, RJ : Vozes, 2018.

  Título original: Die eigene Mitte wiederfinden : Mit Borderline und innerer Zerrissenheit umgehen : spirituelle Impulse
  Bibliografia.
  ISBN 978-85-326-5778-7

  1. Aconselhamento espiritual 2. Distúrbio de personalidade borderline 3. Existência cristã 4. Realização I. Müller, Donata. II. Título.

18-14740   CDD-248.862

Índices para catálogo sistemático:
1. Borderline : Distúrbio de personalidade :
   Experiências : Aconselhamento espiritual :
   Religião   248.862

Cibele Maria Dias – Bibliotecária – CRB-8/9427

ANSELM GRÜN
DONATA MÜLLER

REENCONTRAR O PRÓPRIO CENTRO

COMO LIDAR COM A INSTABILIDADE EMOCIONAL
E ALCANÇAR A HARMONIA INTERIOR

TRADUÇÃO DE
VILMAR SCHNEIDER

Petrópolis

© 2017
Edição original alemã publicada por Herder GmbH (Freiburg im Breisgau)
e Vier-Tuerme GmbH (Münsterschwarzach).

Título do original em alemão: *Die eigene Mitte wiederfinden – Mit Borderline und innerer Zerrissenheit umgehen – spirituelle Impulse*

Direitos de publicação em língua portuguesa – Brasil:
2018, Editora Vozes Ltda.
Rua Frei Luís, 100
25689-900 Petrópolis, RJ
www.vozes.com.br
Brasil

Todos os direitos reservados. Nenhuma parte desta obra poderá ser reproduzida ou transmitida por qualquer forma e/ou quaisquer meios (eletrônico ou mecânico, incluindo fotocópia e gravação) ou arquivada em qualquer sistema ou banco de dados sem permissão escrita da editora.

CONSELHO EDITORIAL

Diretor
Gilberto Gonçalves Garcia

Editores
Aline dos Santos Carneiro
Edrian Josué Pasini
Marilac Loraine Oleniki
Welder Lancieri Marchini

Conselheiros
Francisco Morás
Ludovico Garmus
Teobaldo Heidemann
Volney J. Berkenbrock

Secretário executivo
João Batista Kreuch

Editoração: Leonardo A.R.T. dos Santos
Diagramação: Sheilandre Desenv. Gráfico
Revisão gráfica: Nilton Braz da Rocha / Nivaldo S. Menezes
Capa: Rafael Nicolaevsky
Foto de capa: Michael ver Sprill | iStock

ISBN 978-85-326- 5778-7 (Brasil)
ISBN I978-3-451-37770-9 (Alemanha)

Editado conforme o novo acordo ortográfico.

Este livro foi composto e impresso pela Editora Vozes Ltda.

Sumário

Introdução, 7

1 O que é *borderline*?, 15

2 Como lidar com a desarmonia interior?, 23

3 Resposta ao caos e ao vazio interiores, 37

4 A incapacidade de lidar com os próprios sentimentos, 49

5 A incapacidade de suportar a si mesmo, 57

6 A falta de ligação, 63

7 O perdão – Resposta aos sentimentos de culpa, 69

8 O verdadeiro si-mesmo – Resposta à dúvida sobre si mesmo, 77

9 A falta de estrutura diária – Os rituais como recurso terapêutico, 85

10 A missão e o sentido – Resposta ao sentimento de vazio crônico, 93

11 A confissão de Pedro – Resposta à atitude de culpar os outros, 101

12 Encontrar a medida certa – Resposta aos excessos, 105

13 A relação com o mistério – Resposta às relações instáveis, 113

14 Encontrar a confiança – Resposta ao medo, 121

15 A pessoa excêntrica – Aceitar os abismos, 127

16 A raiva e a irritação – Transformar as energias negativas, 133

Conclusão, 137

Indicações médicas para o tratamento do borderline, 141

Referências, 145

Introdução

Os motivos que deram origem a este livro

Às vezes, nas minhas conferências, faço menção ao comportamento dos clientes com *borderline*, que carecem de um centro e que, por isso, oscilam permanentemente entre a dedicação e a rejeição extremas, entre o rigorismo e o laxismo extremos. Sempre que abordo o tema *borderline*, as pessoas me procuram depois da palestra e me perguntam se já escrevi algo a respeito. O motivo é que também a sua filha, o seu filho adolescente ou o seu marido seriam afetados pela doença; e elas não teriam a menor ideia de como lidar com essa situação. A terapia tampouco havia mostrado resultados positivos até o momento. Ou elas contam que as pessoas afetadas rejeitam a terapia, dizendo que não estão doentes. Não são *elas* que teriam problemas, mas sim os outros. *Estes* estariam vendo a realidade de modo equivocado.

Relutei por muito tempo a escrever algo sobre *borderline*, porque somente algumas vezes havia me ocupado diretamente com as pessoas afetadas pela doença. No entanto, conversei bastante com a minha sobrinha Donata Müller, que é médica e atua na área da psiquiatria da infância e adolescência. Entre os jovens com os quais ela se ocupa, o *borderline* está amplamente disseminado. Assim, ouso escrever um livro sobre o tema juntamente com ela e com base também na sua experiência. É claro que eu mesmo não pretendo nem posso me debruçar a seguir sobre a terapia psicológica indicada para o *borderline*. Sobre esse tema existe muita literatura especializada. No entanto, minha sobrinha, nas suas contribuições (identificáveis pelo texto em itálico), irá escrever sobre a dimensão psicológica e a terapia indicada para o *borderline* e, assim, constantemente fazer as referências técnicas.

Foram dois os motivos que me levaram a escrever este livro: O primeiro era assinalar que os sintomas típicos da doença, encontrados nas assim chamadas "personalidades *borderline*", são um espelho para todos nós. Muitos vivenciam oscilações emocionais semelhantes. Ficam surpresos com o fato de que o seu humor vá de alto a baixo e subitamente insultam uma pessoa que amam e na imaginação seriam capazes até mesmo de matá-la. Assim como os clientes que sofrem de *borderline*, eles perderam o seu próprio centro. Na conversa de aconselhamento espiritual, eles dizem: "Perdi o meu centro. Perdi a mim mesmo. Eu mesmo não me conheço mais. Não sei mais quem sou. E, às vezes, fico assustado comigo mesmo ao perceber quão rapidamente o meu humor se altera".

Este livro foi escrito também para as pessoas que não estão doentes no sentido médico. Desse modo, quem se interessa pela própria alma pode conhecer melhor a si mesmo e encontrar veredas inclusive para a própria cura interior.

O segundo motivo que me levou a escrever este livro foi indicar para as pessoas que sofrem de transtorno de personalidade *borderline* veredas que elas mesmas podem trilhar. As veredas descritas e as indicações espirituais não são uma contraposição à terapia. Pretendem ser um complemento. O primeiro passo no caminho para a cura consiste no humilde reconhecimento de que preciso de auxílio terapêutico. No entanto, igualmente importante é que as pessoas que apresentam sinais de *borderline* entrem em contato com os seus próprios recursos. Dizer aos doentes que somente o terapeuta pode ajudá-los é uma compreensão limitada não apenas quanto ao conteúdo, é também uma maneira de desresponsabilizá-los. É claro que uma terapia apropriada é importante para tratar o *borderline*. Mas estaríamos tirando dos doentes a sua dignidade, desconfiando da sua capacidade de fazer algo para si. Inclusive no aconselhamento espiritual é habitual que as pessoas esperem tudo do conselheiro espiritual. Também aqui se aplica o seguinte: Muitas coisas nós mesmos podemos fazer. Precisamos, entretanto, ter claro o que está ao nosso alcance. Neste livro, pretendo indicar veredas espirituais que qualquer pessoa com o transtorno *borderline* pode trilhar por si mesma. É bom que os doentes tenham este sentimento: Inclusive eu mesmo posso fazer alguma coisa que me ajuda, que auxilia a cura que vivencio com a terapia. Não estou simplesmente entregue à minha doença. Consigo trilhar veredas que me fazem bem. Consigo fazer exercícios que transformam a minha doença ou, pelo menos, me auxiliam a lidar diferentemente com ela, de modo a atenuar os seus sintomas desgastantes. Quando os doentes reconhecem que eles mesmos conseguem fazer alguma coisa, aí não caem no desespero. Neles cresce, antes, a esperança de que podem levar uma vida boa, inclusive com a doença e de que não precisam mais escondê-la. Eles não estão entregues desamparadamente a ela, mas conseguem, eles mesmos, configurá-la e transformá-la.

As veredas espirituais que indico querem ajudar os clientes que sofrem de *borderline* a obter o seu próprio centro e a sua estabilidade interior. Os afetados pelo *borderline* caracterizam-se pela extrema instabilidade e pela oscilação constante em suas emoções e reações. Imagens bíblicas também podem servir de auxílio para encontrar um caminho para a cura interior. Essas imagens bíblicas devem se tornar vivas no leitor e na leitora. Elas podem, conforme a expressão de Franz Kafka, servir como um "machado" para "o mar congelado em nós", para os sentimentos congelados, para tudo o que se enrijeceu em nós. Já o ato de ler e meditar sobre essas figuras pode ter um efeito terapêutico, mas não se deve superestimar o efeito dessas imagens. Uma pessoa que sofre de *borderline* não será curada da sua desarmonia interior unicamente por meio do texto bíblico. Acreditar nisso seria uma concepção mágica, porém as imagens podem auxiliar o processo terapêutico. E, sobretudo, podem me acompanhar no cotidiano. Elas são algo em que posso me segurar. E devo confiar que essas imagens me colocam em contato com as imagens terapêuticas da minha alma. Em cada um de nós há tais imagens terapêuticas. E em cada um de nós existe a sabedoria da alma. Os impulsos espirituais querem nos conduzir à sabedoria da nossa alma, porque no fundo da nossa alma, debaixo de toda a desarmonia interior, sabemos o que é bom e salutar para nós.

Perspectivas a partir da prática médica

Na minha atividade profissional, tanto no passado na psiquiatria de adultos como há alguns anos na psiquiatria da infância e da adolescência, eu me deparo, com bastante frequência, com o quadro clínico do "borderline". Estatísticas confiáveis atestam que aproximadamente 5% da população sofrem desse transtorno, com ênfase no gênero feminino, e cerca de 15% dos pacientes no tratamento estacionário apresentam esse diagnóstico.

Ainda que, no trabalho com crianças e adolescentes, sejamos orientados a não realizar de maneira muito prematura o diagnóstico de um transtorno de personalidade borderline, às vezes os sintomas se destacam já na primeira conversa, quando os jovens se apresentam para nós. Muitas vezes são as fortes oscilações de humor que levam a uma consulta com um psiquiatra da infância e da adolescência. No início, essa inconstância de temperamento é minimizada principalmente com o argumento de que se trata de um comportamento típico da puberdade. Um exemplo a partir do meu trabalho clínico: Diante de mim está sentada uma mãe muito preocupada. Ela conta que o comportamento de seu filho adolescente assumiu tal dimensão e forma que mantém toda a família em alerta. Ela relata que o humor de seu filho varia entre um júbilo celestial e uma tristeza lúgubre no intervalo de poucas horas. Não é raro que, devido a banalidades evitáveis ou observações simples e irrelevantes dos semelhantes, ocorram violentos acessos de raiva em que seu filho inclusive já apontou uma faca para os pais ou para si mesmo.

Esse é, em geral, o fator que desencadeia um internamento na unidade de crises do centro de psiquiatria. Ainda que esse seja um exemplo extremo, na psiquiatria observamos esse tipo de comportamento repetidamente. Assim como se presume que cada época tenha seus próprios transtornos (ou seja, a percepção ou "construção" de determinados transtornos) – basta ter em mente, por exemplo, a "mulher histérica" da época de Sigmund Freud –, alguns especialistas argumentam que o transtorno borderline *seria um fenômeno típico da nossa sociedade. O fato é que esse tipo de transtorno se encontra cada vez com maior frequência no cotidiano da psiquiatria e na prática psicoterapêutica. Ele traz grandes problemas sociais e pessoais tanto para as pessoas afetadas como para os familiares, e não é raro que inclusive os respectivos médicos, terapeutas e cuidadores sejam levados aos seus limites.*

O diagnóstico do borderline *significa um grande desafio tanto para as próprias pessoas afetadas como para os seus familiares e o ambiente social mais próximo. O cotidiano das pessoas que sofrem dessa doença é marcado por extremos de todo tipo: oscilações de humor, medos, crises depressivas, comportamento autodestrutivo e até o constante desejo de morrer. Em muitos casos, longos períodos de internação, repetidas interrupções de terapia, relacionamentos complicados e uma vida caótica fazem parte da história de vida das pessoas afetadas e de suas famílias.*

Meu tio e eu conversamos seguidamente sobre essa doença e constatamos o desespero com que os afetados e seus familiares buscam por ajuda para lidar com o cotidiano. Geralmente, eles experimentaram durante muitos anos os mais diferentes métodos terapêuticos e espirituais, a fim de eles mesmos, como doentes, enfrentarem melhor essa perturbação ou lidarem com os distúrbios de seus familiares, sem romperem a relação, o que às vezes parece inevitável.

Nas nossas conversas, notamos ainda que essa doença não se encontra apenas "atrás dos portões" da psiquiatria, mas que muitas pessoas das mais diferentes camadas sociais são afetadas por ela ou pelo menos por uma parte dos seus sintomas.

Na busca por ajuda, as pessoas afetadas geralmente encontram, sobretudo, guias terapêuticos que não raramente são de difícil compreensão para os leigos. Esperamos com este livro oferecer às pessoas envolvidas um auxílio para que não desistam de encontrar para si ou para as pessoas afetadas uma forma de lidar melhor com essa doença, compreender melhor certos comportamentos e, futuramente, poder reagir de modo mais adequado às situações difíceis, a fim de possibilitar para si e para o ambiente uma vida menos desgastante.

O objetivo deste livro

O verdadeiro objetivo de nosso livro conjunto é, portanto, oferecer ajuda tanto às pessoas afetadas pelo *borderline* como aos seus familiares. Queremos indicar o que elas mesmas podem fazer para realizar no cotidiano aquilo que é abordado na terapia. Oferece-se ajuda para a autoajuda. O conselheiro espiritual e a terapeuta fazem uma experiência semelhante: as pessoas com *borderline* muitas vezes estão desesperadas e têm a sensação de que ninguém consegue ajudá-las. Aí seguem de um terapeuta para o outro, de uma clínica para a outra. No entanto, elas se esquecem dos seus próprios recursos, das suas próprias possibilidades de reagir à doença.

As veredas indicadas neste livro não são meros "artifícios" para curar a doença. O que a pessoa doente precisa é ter paciência. Não se trata de mudanças rápidas, mas de um processo de transformação que, na realidade, avança lentamente, mas que, por isso mesmo, é mais eficaz. Na transformação, valorizo minha vida como ela é. Isso é importante para a pessoa com *borderline*. Em vez de ela se censurar por ser completamente desastrada, e em vez de acusar e culpar os outros pela doença, importante é valorizar as próprias tentativas de reagir às experiências da infância e aos medos interiores. Toda pessoa já tentou lidar com seus medos. Muitas vezes, porém, essas tentativas não foram bem-sucedidas. Importante é encontrar veredas que me levem cada vez mais à paz interior e à harmonia comigo mesmo. Nesse caso, não luto contra mim mesmo, mas aceito a minha situação e tento configurá-la de modo a conseguir lidar melhor com a minha vida. Assim, queremos com este livro alimentar nas pessoas com *borderline* e nos seus familiares a esperança de que vale a pena inclusive fazer exercícios concretos, a fim de ser transformado crescentemente na imagem única que cada pessoa é a partir de Deus. E, para todos os que perderam o seu centro, queremos indicar uma vereda para reencontrá-lo.

1 O que é *borderline*?

A história da pesquisa

Antes de descrever e explicar o fenômeno *borderline* a partir da perspectiva técnica da psiquiatria, eu pretendo contar alguns aspectos da história da pesquisa a respeito do *borderline*. O conceito "*borderline*" foi cunhado pela primeira vez no ano de 1938 por Adolph Stern. Ele descreve com esse conceito pacientes que não são classificáveis nos quadros patológicos habituais de neurose e psicose. Eles se situam praticamente entre neuróticos e psicóticos, numa linha fronteiriça, portanto. "Esses pacientes estavam aparentemente mais doentes do que os pacientes neuróticos [...], mesmo assim não interpretavam o mundo real de modo permanentemente equivocado como os pacientes psicóticos" (KREISMAN & STRAUS, 1992: 243). No caso do psicótico, a percepção da realidade é gravemente distorcida. Os clientes com *borderline* conseguem perceber a realidade de modo extremamente realista. No entanto, eles oscilam frequentemente entre uma perspectiva pessimista e uma otimista. Eles dividem o mundo em preto e branco. Os clientes com *borderline* são, porém, mais doentes que os neuróticos. Eles não têm nenhum verdadeiro sentimento do eu. Por isso, têm dificuldade em encontrar o seu caminho no mundo. Eles não sabem quem verdadeiramente são.

Os psiquiatras americanos Kreisman e Straus mencionam várias causas possíveis da doença *borderline*. Eles têm em mente não apenas a história pessoal e as experiências com os pais, mas também as mudanças na sociedade. Ambos os autores descrevem esses impactos sociais tendo em vista principalmente a sociedade americana. Eles são da seguinte opinião: "Para muitos, a cultura americana perdeu o contato com o passado e não tem uma ligação com o futuro" (KREISMAN & STRAUS, 1992: 99). Eles defendem a tese de que o *borderline* é uma reação patológica às condições da sociedade, sobretudo à sociedade, "a que falta estabilidade e confiabilidade" (KREISMAN & STRAUS, 1992: 99): Porque a sociedade perdeu sua estabilidade, "sintomas típicos do *borderline*, como pensar em termos de preto e branco, autodestruição, oscilações de humor extremas, impulsividade, relações complicadas, um sentimento de identidade deficiente e raiva, tornam-se reações compreensíveis às tensões no interior de nossa cultura" (cf. KREISMAN & STRAUS, 1992: 100).

Outro motivo para o surgimento do *borderline* é, segundo esses autores, a visão negativa do passado, ou seja, a sua desvalorização geral e global. "A desvalorização do passado destrói a ligação perceptiva com o futuro, que se torna um fator imenso, desconhecido, uma fonte não só de esperança, mas de temor" (KREISMAN & STRAUS, 1992: 105s.). O que Kreisman e Straus escrevem sobre a sociedade americana se aplica, em grande parte, também à sociedade alemã e europeia. Por isso, no caso dos fatores de cura, é de se pensar não só na terapia pessoal, mas também na criação de estruturas sociais mais saudáveis e numa nova sensibilidade para as raízes a partir das quais vivemos.

Além de Kreisman e Straus, nos Estados Unidos foi principalmente Otto F. Kernberg que se ocupou com o estudo do fenômeno *borderline*. Em sua opinião – inspirado em Sigmund Freud – o que está em jogo é uma cisão do eu. O eu se cinde em diversos estados. E essa cisão do eu tem uma função protetora para o paciente. Ela o protege do medo de responder ao próprio caos. Por isso, a cisão do eu é, segundo Kernberg, sempre "um processo defensivo muito intenso e ativo" (KERNBERG, 1992: 18). O cliente se defende manifestamente do caos interior, que não conseguiria suportar caso fosse olhar para ele. Kernberg fez a experiência de que as reações extremas em relação ao terapeuta e aos familiares são uma transferência das experiências da primeira infância. Kernberg relata que um homem o insultou exageradamente durante alguns encontros e, em seguida, transformou sua reação no oposto. Ele o elogiou dizendo que era a melhor pessoa que já havia conhecido, pois demonstrava tamanha paciência com ele. No entanto, passado algum tempo, o cliente começou a insultá-lo de novo. Na fase positiva, ele não aceitava conversar sobre os insultos. E, na fase negativa, não queria ser lembrado das suas palavras elogiosas. Kernberg entende agora que essas reações distintas eram transferências. Quando o cliente o insultava, transferia para o terapeuta a imagem da sua mãe, que muitas vezes ele havia experimentado como negativa e negligente, e, inversamente, quando o cobria de elogios, transferia a imagem interior de uma mãe idealizada e a experiência de "um pai fraco, porém protetor" (KERNBERG, 1992: 19).

Ao mesmo tempo, manifestam-se nestas reações extremas ao terapeuta duas diferentes imagens de si mesmo. Uma era a imagem "do menino rejeitado, menosprezado, atacado", e a outra, a imagem da "criança ansiosa, carregada de culpa" (KERNBERG, 1992: 19). As duas imagens de si mesmo alternavam-se constantemente. O problema, no caso de clientes com *borderline*, é que eles não conseguem ou não querem reunir essas duas imagens de si mesmo. A cisão em duas imagens de si mesmo e as reações extremas são uma tentativa de lidar com as diferentes experiências com os pais e consigo mesmo. Toda doença psíquica sempre tem um sentido. É uma tentativa de fazer frente à desarmonia interior. Segundo a psicologia, contudo, muitas vezes são simplesmente caminhos insuficientes ou – como no caso do *borderline* – caminhos destrutivos, com que a pessoa prejudica a si mesma e ao seu ambiente. A terapia consiste em encontrar outros caminhos para aceitar a desarmonia interior e, apesar de todas as experiências extremas, encontrar o próprio centro.

Um transtorno de personalidade específico

O borderline *faz parte dos transtornos de personalidade e é uma subespécie do tipo emocional-instável. Um transtorno de personalidade define-se como um padrão comportamental profundamente enraizado e persistente e se manifesta em reações rígidas diante de diferentes circunstâncias pessoais e sociais. As pessoas afetadas mostram anomalias no perceber, pensar, sentir, e nas relações com as outras pessoas. A doença inicia na infância ou na adolescência e perdura até a idade adulta. Os sintomas típicos são: instabilidade emocional, transtorno da própria imagem de si mesmo, das preferências interiores (inclusive sexuais), inclinação para relacionamentos muito intensos, contudo, instáveis, medo da solidão e do abandono, sentimento crônico de vazio interior, frequentes oscilações de humor, crises emocionais, ações impulsivas, automutilações e até a tendência suicida.*

Muitas vezes, somos indagados pelas pessoas afetadas ou pelos familiares sobre as causas, pois geralmente se consegue suportar melhor as doenças ou lidar melhor com as suas anomalias quando se sabe o motivo do seu surgimento, a quem ou a que se pode atribuir a culpa pela sua manifestação. Com frequência, elas esperam que se possa simplesmente trocar uma molécula ou prescrever um medicamento. Geralmente, os pais buscam na história de vida de seu filho doente desesperadamente a "causa", por um acontecimento específico que possa explicar a situação atual. Muitas vezes, no entanto, não é tão simples encontrar o acontecimento desencadeador, porque "a" causa desencadeadora não existe. Na maioria das vezes, o que está em jogo é uma combinação desfavorável de vários fatores; faz-se referência a um assim chamado "modelo de surgimento multifatorial".

Por um lado, é claro que o fator genético é importante. Embora até agora não tenha sido encontrado nenhum gene conclusivo do borderline, *existe sim certa suscetibilidade para a manifestação dessa doença quando se encontram também pessoas afetadas pelo* borderline *entre os parentes. Com frequência, vivenciamos no cotidiano da psiquiatria "famílias-*borderline*": Adolescentes que chegam até nós e a partir dos quais conseguimos confirmar esse diagnóstico têm pais ou um dos entes paternos que também apresentam essa doença ou, pelo menos, certas anomalias que permitem pensar num transtorno* borderline. *E, ao examinar o histórico familiar, encontram-se frequentemente avós, tias, tios, primos e primas que também já "de alguma forma eram estranhos" e colocavam a vida familiar de cabeça para baixo, muitas vezes se desentendiam com as pessoas do seu meio, ainda que, no caso delas, essa doença não fosse conhecida naquela época ou elas se recusassem a buscar auxílio psiquiátrico.*

Além disso, estão em debate as causas biológicas, por exemplo, o desequilíbrio dos sistemas neurotransmissores, o qual, no entanto, é identificado também em outras doenças psiquiátricas, como, por exemplo, nas depressões. Diversas influências pré-natais, como álcool, drogas, cigarros, estresse etc., são uma causa possível para as anomalias comportamentais na idade infantil ou juvenil, embora aqui igualmente não se tenha conseguido encontrar nenhum nexo concreto, por exemplo, entre o consumo de nicotina e o surgimento de borderline.

É muito frequente que fatores psicossociais também provoquem essa doença, como, por exemplo, negligência, maus-tratos ou traumas na infância ou na adolescência. Embora nem toda pessoa afetada pelo borderline *tenha sofrido um abuso sexual no passado e nem todo adolescente tenha sido negligenciado, a verdade é que este é o caso de modo desproporcionalmente frequente. Crianças que foram negligenciadas ou sofreram abusos apresentam danos nos processos de amadurecimento neurobiológicos, o que pode levar a perturbações no campo cog-*

nitivo e emocional. Também aqui, essa causa não é, contudo, um fator determinante para o surgimento do transtorno de borderline.

Modelo de doença causal e final

Não é benéfico para os pais nem para os doentes com *borderline* procurar as causas exatas da doença. A busca pela causa leva-os frequentemente a apontar algum culpado pela doença. No entanto, os pais de filhos com personalidade *borderline* têm, já de antemão, sentimentos de culpa. Eles refletem sobre o que fizeram de errado. E buscam em si a culpa pela doença dos seus filhos. Contudo, os sentimentos de culpa não ajudam a curar a doença. Pelo contrário, debilitam os pais. É importante aceitar a doença. Em vez do modelo de doença causal-redutivo, preferido por Sigmund Freud, considero mais adequado o modelo de doença final de C.G. Jung. Em lugar de perguntar como a doença surgiu, é importante indagar o que a doença quer dizer para a pessoa e por quais elementos terapêuticos ela clama. A doença é um impulso para mudar algo na vida. O que pode ajudar a pessoa com *borderline* a aceitar a si mesma, a perceber e a suportar em si o conflito interior? Tanto os pais como também os doentes devem prestar atenção às condições que são úteis para que as personalidades *borderline* obtenham estabilidade interior. Nesse caso, é claro que relações transparentes são importantes. E aprender virtudes – como lealdade e perseverança, paciência e compaixão – pode ajudar a atenuar a doença.

Minha sobrinha escreve principalmente sobre pacientes com base na sua experiência profissional numa clínica de psiquiatria da infância e da adolescência. Eu tenho em mente em primeiro lugar pessoas que vêm em busca de aconselhamento espiritual. Elas não estão doentes no sentido psiquiátrico. No entanto, apresentam por vezes fenômenos que correspondem ou se assemelham ao *borderline*. Aquilo que recomendo, em termos de textos bíblicos e exercícios, às pessoas que me procuram para conversar pode servir de auxílio para aqueles que trilham a vereda que conduz para o seu centro interior. E pode ser – assim espero e nisso acredito – um auxílio inclusive para aqueles que estão em tratamento psiquiátrico, dado que indicam veredas e possibilidades que apoiam o processo terapêutico. Sobretudo, pretendem transmitir aos clientes com *borderline* a confiança de que são capazes não só de perceber em si a desarmonia, mas também de ativar as forças de cura. E nelas deve crescer a esperança de que, apesar da doença, elas têm condições de levar uma vida boa e plena.

2 Como lidar com a desarmonia interior?

A vida entre os extremos

As pessoas afetadas pelo borderline *tendem acentuadamente a dividir a vida em dois extremos: Ou algo está bom – ou está ruim. Transições fluidas ou zonas cinzentas não existem no caso delas. No trabalho terapêutico com pacientes com* borderline *é preciso, como terapeuta, inclusive lidar com o fato de se ser ou elogiado ou, porém, criticado. Durante a terapia, isso pode se alterar repetidamente, às vezes de um instante para o outro. Do ponto de vista externo, o motivo para isso às vezes pode ser uma trivialidade evitável. Para o paciente, todavia, isso parece adquirir subjetivamente, naquele momento, um significado muito maior; e ele se sente ofendido ou rejeitado.*

Uma jovem paciente que atendi me levou a mal porque tive de cancelar, de última hora, por causa de uma doença, uma conversa com seus pais. Essa conversa teria sido muito importante para ela e o cancelamento a ofendera tanto que, nas conversas terapêuticas seguintes, ela quase não estava mais acessível para mim. No primeiro momento, ela inclusive se recusava completamente, não falava comigo e queria encerrar a terapia. Foram necessárias várias sessões a fim de restabelecer uma relação terapêutica viável, antes de conseguirmos avançar em outros temas. No início do tratamento, eu havia sido colocada por ela num pedestal, eleita como "salvadora", como a única que presumivelmente poderia ajudá-la. No momento seguinte, ela me rejeitou completamente e queria até mesmo impor uma troca de terapeuta. O motivo objetivo era, nesse caso, simplesmente uma doença diante da qual eu nada podia fazer. Na sua perspectiva, contudo, ela tomou como uma forte ofensa e rejeição de minha parte o fato de, apesar de doente, não ter vindo ao trabalho. Isso, porém, ela não conseguiu inicialmente reconhecer nem comunicar. De repente, ela teve a sensação de que eu a rejeitara, ou seja, de que a vira como alguém não suficientemente importante. Pelo cancelamento do encontro, ela se sentiu confirmada em seu ponto de vista de que ela não era importante nem sequer para a sua terapeuta.

Outra paciente ficou ofendida porque, no dia em que ela passou muito mal, eu estava de folga durante o expediente noturno e não estava disponível para ela na clínica. Ela ligou e conseguiu falar unicamente com uma colega de serviço, que então a acolheu na unidade de crises. Na conversa, ela desvalorizou a mim e a terapia conjunta, viu reforçada a sua ideia de que ninguém conseguia ajudá-la, tampouco eu, e quis interromper a terapia, furiosa e ofendida. Nas semanas anteriores, havíamos tido alguns bons encontros. Após as conversas, ela se sentia cada vez melhor e emocionalmente mais estável e reagia com bom humor inclusive aos esclarecimentos regulares sobre suicídio, que, apesar de seu estado em geral ter melhorado, continuavam tendo, a meu ver, grande relevância. No período recente, ela considerava a automutilação de longa data e as ideias suicidas antigas e, em parte, pronunciadas, como coisas completamente absurdas e não conseguia compreender as minhas preocupações. Depois de receber alta da unidade de crises e de anunciar o desejo de encerrar o tratamento comigo, ao conversarmos sobre os encontros anteriores, subitamente os seus progressos não tinham mais relevância alguma para ela, que agora via sua vida inteira somente como uma "fase escura". Ela separava completamente, portanto, a fase boa, ou seja, estável e seus progressos, da fase seguinte com seu colapso mental e não era *possível convencê-la de que algo assim simplesmente pode acontecer e não necessariamente reforça uma recaída maciça.*

Um paciente quase em idade adulta, que sofria de um transtorno de borderline, *tinha uma relação muito ambivalente com sua mãe. Num dia, ela era presumivelmente muito próxima; então, ele enaltecia a sua mãe, que também apresentava alguns sintomas de* borderline, *e a colocava num pedestal e, a cada duas frases, fazia-lhe elogios. No dia seguinte, uma expressão objetiva e inocente da mãe já podia contribuir para que ele se ferisse maciçamente, batesse em si com uma raquete de tênis de mesa ou repetidas vezes projetasse ruidosa e agressivamente a cabeça contra a parede. Ao tentar analisar o seu comportamento, evidenciou-se nitidamente, por sua vez, não só a respectiva separação entre fases boas e ruins. Ele parecia também completamente sobrecarregado quando não dividia a sua mãe numa pessoa exclusivamente boa ou exclusivamente ruim, mas admitia os seus dois lados.*

Inclusive as pessoas do círculo mais próximo dos pacientes podem ser afetadas por esses padrões comportamentais. Um exemplo: A mãe de um paciente quase em idade adulta, a qual, ela mesma, luta há muitos anos contra sua doença borderline *e cujo filho, por causa das depressões, passou por tratamento comigo, colocava a si mesma maciçamente sob pressão para fazer tudo corretamente. Ela sugava os terapeutas nas conversas com os pais, a fim de obter o máximo de conselhos educacionais possível, e se esforçava constantemente para fazer tudo certo. A consequência: Ela exagerou de maneira repetida e tão intensa que seu filho desenvolveu um comportamento retraído e, por fim, demonstrou um estado de espírito depressivo. Quando ela estava de mau humor, não suportava ver seus inúmeros passos e esforços positivos anteriores, não tolerava ser elogiada e nem se sentia em condições de fazer uma pausa no seu "modo de aprimoramento". Ela ficava realmente furiosa, gritava e fazia muito mal a si mesma. A regra à qual ela mesma se submeteu: Ela devia, como mãe, ser* somente *"boa"*. *Ela não aceitava minimamente a ideia de que toda pessoa – portanto, inclusive uma mãe – tem defeitos. Ela aterrorizou toda sua família com supostas estratégias de aprimoramento durante tanto tempo que seu marido se separou dela e seu filho quis se mudar para uma residência comunitária. Em nenhum momento ela conseguia ficar satisfeita consigo e com sua família, alegrar-se por ter um filho bastante educado e solícito, o que tampouco é uma obviedade e certamente tinha como base um intenso trabalho educativo de sua parte. No entanto, ela considerava esse fato como um acaso e não conseguia aceitá-lo como um mérito seu.*

Outra mãe afetada pelo borderline *oscilava na relação com seus dois filhos permanentemente entre crítica e valorização. Seu filho geralmente era criticado por ela: Quer se tratasse de uma nota ruim numa tarefa escolar ou de um CD fora do lugar – tudo era transformado num drama; raramente ele conseguia fazer algo direito, na opinião dela. Ele se refugiava quase só na agressão e na raiva para se defender dela. A filha caçula, ao contrário, geralmente era valorizada, elogiada e colocada num pedestal. Quando trazia para casa uma boa nota, a mãe a recompensava com dinheiro, ao passo que, no caso do filho, a mãe considerava que boas notas eram algo normal e notas ruins, motivo de castigo.*

Era difícil transmitir-lhe que a sua filha também tinha lados problemáticos, assim como, inversamente, que seu filho, apesar de todos os problemas que ela tinha com ele, conseguia apresentar pontos fortes e aspectos positivos. Ela via em seu filho exclusivamente o ex-marido negativamente carregado, com o qual primeiramente teve um matrimônio difícil e depois um processo de separação muito desgastante, e era incapaz de, em sua percepção, integrar numa pessoa aspectos bons e problemáticos.

Na condição de terapeuta, é preciso aprender a lidar de maneira profissional e técnica tanto com as reações elogiosas como com as maciçamente depreciativas dos pacientes, não se sentir demasiada-

mente lisonjeado quando se é "elevado num pedestal", nem se deixar magoar por uma rejeição inesperada. Essa atitude requer, no entanto, alguma experiência profissional, supervisão e acompanhamento intensivo por superiores experientes e acarreta repetidos problemas, especialmente no início da atividade profissional.

No cotidiano, as pessoas afetadas geralmente não têm consciência dessa atitude de "pensar em preto e branco". Quando surgem conflitos ou expressões são entendidas de forma equivocada, elas têm a sensação de que isso se deve aos outros. No primeiro momento, alguém parece fazer tudo certo; já no momento seguinte, porém, tudo isso é irrelevante, visto que um erro banal, no seu ponto de vista, foi interpretado equivocadamente pelo outro, ocasionando uma rejeição completa. Tudo o que antes ele fazia bem na relação, parece repentinamente perder o valor.

No meu trabalho, conheço repetidamente casais paternos em que um dos cônjuges, geralmente a mãe, sofre de uma doença borderline. Muitas vezes, os filhos ficam inseguros devido a um comportamento perturbador da mãe e apresentam, eles mesmos, anomalias comportamentais. Eles nunca conseguem estar seguros a respeito da reação da mãe: Num momento, ela representa a mãe amorosa e solícita e, nesse caso, ela inclusive entende isso realmente dessa maneira. Em seguida, contudo, ela se converte na fúria estridente, que ofende seus filhos ou profere discursos de ódio. Diante disso, muitas crianças assumem um comportamento retraído e depressivo; outras têm uma reação desafiadora e agressiva. No meu trabalho, esses casos não são raros: Num momento, tudo está bem, a mãe enaltece os filhos e encerra repentinamente o tratamento terapêutico, uma vez que ele lhe parece dispensável e que, do seu ponto de vista, não haverá mais problemas, pois agora ela mesma tem tudo sob controle. Algumas semanas mais tarde, ela quer novamente um encontro urgente, chama a sua família de monte de escombros, diz que os filhos são o maior erro da sua vida e pretende obter uma internação institucional. No *que diz respeito aos momentos positivos e aos aspectos bons identificados anteriormente em seus filhos, ela não aceita conversar sobre esse assunto. É maciçamente prejudicial aos filhos quando os pais não reagem de forma clara e previsível, quando não agem com transparência e, por consequência, os filhos nunca conseguem estar seguros sobre o que acontecerá em seguida.*

A atitude de pensar em preto e branco manifesta-se em todas as esferas da vida da pessoa afetada pelo borderline. *Por exemplo, num dia, um medicamento ajuda perfeitamente uma pessoa com* borderline *a lidar com as suas oscilações de humor. No outro dia, apesar do medicamento, ela não passa bem, e já rejeita tomar mais uma dose do medicamento, visto que ele, "na verdade, nunca ajuda". Ainda que isso objetivamente não seja verdade, a pessoa afetada considera que, nesse momento, em todo caso, isso é verdadeiro. Essa lhe parece ser a única verdade.*

Para os familiares, a vida com uma pessoa afetada pelo borderline *é um constante ato de andar na corda bamba: O equilíbrio está sempre ameaçado. A qualquer momento é possível falhar, não importa o quão positivamente a vida possa ser sentida atualmente. Mas também para as pessoas afetadas pela doença não é fácil lidar com essa permanente mudança entre preto e branco, entre bem e mal. Não é só a percepção dualista do entorno que torna sua vida difícil. Para elas, representa também um grande desafio aceitar os seus aspectos de sombra e simultaneamente perceber inclusive os seus aspectos bons e se alegrar com eles.*

Para terapeutas e cuidadores é muito difícil transmitir aos pacientes a compreensão de que a vida também tem zonas cinzentas, que a divisão em preto e branco não corresponde de fato à realidade, não é benéfica nem adequada. Conversei com um paciente que dividia seus semelhantes apenas em bons e maus, em pessoas com características "boas" e pessoas com características "ruins", e em dado momento tematizei a possibilidade de uma divisão em zonas cinzentas.

Esse paciente refletiu sobre o assunto mostrando-se muito surpreso. Ele achava que a vida sem extremos seria muito monótona e enfadonha e que, por isso, iria lhe faltar o estímulo.

Aceitar os opostos: suportar as polaridades

Otto F. Kernberg, especialista em clientes com borderline, relata que, durante algumas semanas, um cliente somente o ofendeu e, nas semanas seguintes, o elogiou nos tons mais elevados. No entanto, durante a fase negativa, ele não admitia as suas palavras elogiosas e, na fase positiva, os seus acessos de raiva. O paciente havia separado um do outro esses dois aspectos. Pelo visto, ele tinha um medo abissal de considerar os dois aspectos a partir de uma distância saudável. E ainda maior era o medo de interligá-los. Manifestamente, sua alma resistia a estabelecer uma interligação entre os diferentes aspectos. Para Kernberg, os aspectos opostos são expressão de imagens distintas, de como o cliente com borderline, na infância, via os pais. Ele os via, por um lado, como monstros e, por outro lado, como pais afetuosos e cuidadosos.

Isso ainda não tem de significar que os pais eram assim ou que ele os vivenciou dessa maneira. No entanto, nele se formaram essas duas perspectivas; e ele não conseguia reuni-las. Toda pessoa que encontramos tem aspectos de luz e de sombra. No entanto, porque o cliente com borderline não consegue aceitar em si mesmo os aspectos de luz e de sombra, também não consegue reuni-los nos outros. Rauchfleisch entende que os clientes com borderline "evitam a vivência da ambivalência ao considerar o mundo ao seu redor, bem como a forma como percebem a si mesmos, somente em preto e branco. Vivenciar sentimentos ambivalentes em relação à mesma pessoa requer um grau de força do eu que as pessoas com borderline em geral não possuem. Elas se protegem, assim, das situações de sobrecarga psicológica cindindo o mundo em preto e branco" (RAUCHFLEISCH, 2015: 24).

A questão é identificar de onde se origina essa incapacidade de suportar a ambivalência da vida, a alternância de preto e branco, de alegre e triste, de bom e mau. Alguns estudiosos entendem que essa incapacidade se forma já na infância. Todo filho vivencia a mãe como boa quando ela está aí para ele; e como má quando ela se afasta dele. Do desenvolvimento saudável do filho faz parte que ele aprenda pouco a pouco a reunir ambos os aspectos da mãe. As pessoas com borderline *não conseguem, contudo, relacionar esses dois aspectos em uma única pessoa. Ou alguém é totalmente bom ou totalmente mau. Às vezes, essa incapacidade de ver ambos os aspectos em uma pessoa é reforçada pela ambiguidade dos pais. Quando os pais não são previsíveis, mas reagem de maneira muito arbitrária, uma vez de um jeito e, na outra vez, de maneira completamente oposta, a criança fica confusa. E ela tampouco consegue unir em si mesma os dois aspectos de bom e mau. Ela é, então, ou inteiramente boa ou inteiramente má. Contudo, é incapaz de aceitar-se com seus antagonismos.*

A questão é saber o que poderia ajudar as pessoas com borderline a suportar e aceitar a si mesmas e aos outros em sua ambivalência. E a questão é se nós, afinal de contas, na terapia e no aconselhamento espiritual, conseguimos atingir as pessoas que vivem em tamanha desarmonia interior. Afinal de contas, quando eu aconselho alguém, faço-o sempre na atitude da fé e da esperança. Acredito na essência boa do doente. E espero que ele, por meio de minhas palavras, ainda que inicialmente não esboce qualquer reação, mesmo assim seja tocado em seu coração. Sem essa esperança, eu não conseguiria aconselhá-lo. Se minha única opção for constatar resignadamente que um cliente com *borderline* não pode ser ajudado, então eu nem sequer *deveria* aconselhá-lo. Nesse caso, estaríamos apenas complicando mutuamente a nossa vida.

Reflito, portanto, sobre o que poderia ajudar uma pessoa em desarmonia a se aceitar e a se suportar na sua ambivalência. Eu lhe contaria a respeito da psicologia de C.G. Jung, que se reporta à polaridade da pessoa. O ser humano tem sempre dois polos; é caracterizado pelos opostos. Ele tem em si o amor e o ódio, o intelecto e o sentimento, a luz e as trevas, a disciplina e a indisciplina, a confiança e o medo, a alegria e a tristeza, a ordem e o caos. Geralmente, a pessoa vive só um polo e reprime o outro. O polo reprimido se instala, então, na sombra da pessoa. Ainda assim, a partir da sombra, ele frequentemente atua de maneira destrutiva sobre a nossa alma. Por isso, uma tarefa importante na vereda para a nossa individuação é ver os aspectos reprimidos em nós e aceitá-los. Acolhê-los ainda não significa vivê-los. Antes, devemos aceitar a sua legitimidade e refletir sobre como conceder aos aspectos de sombra o espaço adequado em nós sem sermos dominados por eles.

Humildade e coragem: familiarizar-se com os aspectos de sombra

A primeira maneira de ajudar a pessoa em sua desarmonia interior é, portanto, conversar sobre os aspectos de sombra, é realizar um esforço de familiarizar-se com esses aspectos. Eles podem existir. Eles fazem parte de nós. Por isso, não estamos doentes. É preciso humildade para dar-lhes atenção. Na humildade reside inclusive a coragem. Temos de ser corajosos para descer ao caos da nossa alma, a fim de aí aceitar os nossos aspectos de sombra, todo o escuro e caótico que, de outro modo, preferimos reprimir. Essa coragem cresce em nós quando deixamos que a Bíblia nos diga que tudo em nós pode existir e que tudo em nós pode ser iluminado. Paulo diz: "Pois todas as coisas condenadas são postas a descoberto pela luz, pois tudo o que é manifestado torna-se luz" (Ef 5,13s.). Tudo em nós pode existir. Não precisamos ter medo do caos interior, dos poderes escuros em nós. Devemos oferecer tudo a Deus e tudo será iluminado. Sim, o que é iluminado, tornar-se luz. Quando permitimos que nossos aspectos reprimidos sejam iluminados pela luz de Cristo, aí tudo em nós se torna valioso, emanamos luz através de nossas fraquezas e através de nosso vazio interior e de nosso caos, e obtemos uma boa aura. E paramos de nos condenar e nos dividir em bom e mau.

O abraço dos opostos

Outro auxílio para acolher a si mesmo com os seus aspectos de luz e de sombra, a aceitar a ambivalência na própria alma e a se reconciliar com os seus antagonismos, é a meditação da cruz. O símbolo cristão da união de todos os opostos é a cruz. A cruz era, já antes de Cristo, um símbolo de união e de cura. A cruz liga os opostos: o céu e a terra, a luz e as trevas, a leveza e a gravidade, por um lado, e o direito e o esquerdo, o consciente e o inconsciente, o masculino e o feminino, por outro lado. O Evangelho de João assume esse significado de cura da cruz. Jesus diz: "Quando eu for elevado da terra [na cruz], atrairei todos a mim" (Jo 12,32). A cruz é o gesto do abraço. Para o cliente com *borderline*, pode ser benéfico abraçar repetidamente os opostos em si e dessa maneira construir uma ponte entre eles. Por iniciativa própria, porém, é claro que o cliente com *borderline* não irá fazer o gesto do abraço. Por isso, eu irei praticá-lo junto com ele. Eu irei demonstrá-lo e contar para ele o que eu mesmo senti ao fazer o gesto. Isso é uma oferta para ele. Se disso ele fará uma experiência saudável ou não, deixo a cargo dele. Mas eu espero que, por meio desse gesto, aconteça nele um processo de cura.

Esse abraço pode suceder de duas formas. A primeira consiste em ficar de pé e estender amplamente os braços na horizontal. Assim, consigo imaginar como Jesus na cruz estendeu os braços e abraçou o mundo todo. Nesse gesto, tenho a sensação de que também eu abraço o mundo todo. Tudo o que está no mundo está também em mim. Todo elemento cósmico está também no meu corpo, na minha alma. Não existe nada que não esteja também em mim. Em latim se diz: *Nihil humanum mihi alienum* (Nada do que é humano me é estranho). Nesse abraço, posso dizer: "Nada do que é cósmico me é estranho". Quando permaneço mais tempo nesse gesto, consigo me exercitar nessa amplitude interior. E consigo imaginar que todas as reações abissais – com as quais eu, como cliente com *borderline*, por vezes me apresento de modo tão diversificado – serão interligadas em mim. Isso rompe com a estreiteza e a desarmonia e a transforma em amplitude.

A outra forma do abraço consiste em ficar de pé e cruzar as mãos sobre o peito. Aí posso imaginar que abraço todos os opostos em mim e, por meio desse abraço, os coloco em contato uns com os outros. Eu posso dizer: Abraço em mim o forte e o fraco, a raiva e a mansidão, o meu comportamento agressivo contra as outras pessoas e a minha admiração por elas, a ofensa e o elogio, a confiança e o medo, o vivido e o não vivido, o saudável e o doente, o claro e o escuro, o superficial e o profundo, o vivaz e o rígido, a ordem e o caos. Esse exercício ainda não cura a minha desarmonia. Tampouco substitui uma terapia. No entanto, mesmo assim é um exercício saudável. Ele pode reforçar o processo terapêutico. E caso não encontre um terapeuta que me acompanhe durante anos, esse exercício pode me dar a esperança de que consigo, pouco a pouco, renunciar à atitude de oscilar entre os opostos, em prol de uma aceitação do meu antagonismo. Kernberg afirma que um cliente com *borderline* precisa de alguns anos de terapia e, nesse processo, devem ocorrer semanalmente três sessões. Trata-se de um longo processo que passa pela conversa, pela descoberta das diferentes reações e transferências para o terapeuta. Ao fazer o gesto da cruz, a cura é transmitida não por palavras, mas por imagens. A imagem da cruz se afigura cada vez mais profundamente em mim. E as imagens têm, pela sua natureza, sempre um efeito terapêutico.

C.G. Jung se refere às imagens arquetípicas, que me centram, que me levam ao próprio centro. Imagens arquetípicas sempre são imagens salutares. Quando a imagem da cruz se afigura em mim, entro em contato com as imagens terapêuticas que estão disponíveis no fundo da minha alma. Por meio das imagens que se afiguram em mim, desperto para a vida os poderes curativos da minha alma. Isso faz bem para o meu processo de cura.

O sinal da cruz: um ritual de cura

Outro ritual de cura é o sinal da cruz. Muitos o fazem de forma inconsciente. Nesse caso, ele não provoca nada. Quando, porém, o faço de forma consciente, no espírito com que os primeiros cristãos o faziam já no século I, aí ele se torna um sinal de cura. Permito que o amor de Jesus Cristo, que ficou visível em sua plenitude, penetre em todas as dimensões do meu corpo e da minha alma. Toco com os dedos a minha testa e deixo o amor de Jesus fluir no meu pensamento. Por vezes, o meu pensamento é caótico ou avaliativo e acusador. É o anseio de que meu pensamento se converta em um pensamento amoroso e benevolente. Em seguida, toco com minha mão o meu baixo-ventre. Deixo o amor de Jesus fluir na minha vitalidade e na minha sexualidade. Desse modo, a sexualidade não é separada, mas permeada pelo amor de Deus. Eu a experimento como uma força boa, que quer me conduzir para além de mim mesmo, para o outro e para Deus. Em seguida, toco com a mão o ombro esquerdo. O ombro esquerdo simboliza o inconsciente. Deixo o amor de Jesus fluir para o inconsciente, para as imagens caóticas dos meus sonhos, para todo o desconhecido em mim, para tudo aquilo que temo que possa me inundar a partir da profundeza. O amor de Jesus penetra até a profundeza mais profunda da minha alma. Não existe nada em mim que não seja tocado e iluminado por esse amor. O ombro esquerdo simboliza também o aspecto feminino, a *anima*. O aspecto feminino tem dimensões positivas e negativas. É o aspecto materno, salvador, cuidador e nutridor, bem como o aspecto acolhedor. Também nele, deixo fluir o amor de Jesus, que se torna uma bênção para mim. Do lado esquerdo está também o coração. Assim, deixo o amor de Jesus fluir no meu coração. Em seguida, toco com minha mão o ombro direito. Ele simboliza o consciente. Também a minha consciência deve ser cunhada pelo amor. E o lado direito simboliza o aspecto masculino, o *animus*. Também ele tem aspectos positivos e negativos. Ele é batalhador, criativo, combativo. Mas pode inclusive ser dominador e tirano. Também o *animus* deve ser transformado pelo amor de Jesus.

Fazer conscientemente o sinal da cruz possibilita aceitar-me inteiramente e experimentar-me de maneira nova: Tudo em mim é permeado pelo amor de Jesus. Por isso, não preciso ter medo de nada, nem separar ou reprimir nada. Para aquele que perdeu o seu centro, essa é uma boa maneira de reencontrar a si mesmo e aceitar-se inteiramente, porque ele experimenta o seguinte: Eu sou inteiramente aceito por Deus e permeado pelo seu amor.

3 Resposta ao caos e ao vazio interiores

A tensão interna e a automutilação

As pessoas com borderline *sentem-se interiormente vazias. Elas têm medo de olhar para esse vazio interior. Elas fogem do sossego, porque temem que, aí, o caos interior possa se manifestar. Uma reação ao caos da própria alma e ao vazio interior é a automutilação. Trata-se de um sintoma clássico dessa doença que, em geral, é conhecida principalmente pelas cicatrizes e pelos ferimentos visíveis das pessoas afetadas. Muitas vezes, o comportamento autodestrutivo inicia na puberdade com cortes superficiais ocasionais nos braços e nas pernas e, no desenrolar da doença, transforma-se num comportamento marcadamente autodestrutivo, que frequentemente dá motivo para a entrada no serviço de emergência, a fim de tratar cirurgicamente os profundos ferimentos resultantes dos cortes. Inclusive o intenso consumo de álcool ou de drogas, a tendência de bater com a cabeça contra a parede, o ato de arrancar as unhas dos dedos e os cabelos, a promiscuidade, as dietas, a compulsão alimentar e o gasto excessivo de dinheiro podem ser entendidos como formas de automutilação.*

Como razão para o seu comportamento, os pacientes mencionam com frequência o desejo de sentir novamente a si mesmos, de conseguir outra vez ter acesso a sua própria existência. Eles preferem as fortes dores, as feridas abertas e as cicatrizes duradouras a ter de suportar o sentimento de vazio interior ou a confusão de emoções desagradáveis.

Depois dos cortes e de uma breve fase de alívio, seguem-se, no entanto, com frequência, a vergonha e os sentimentos de culpa ou inclusive o nojo, os quais, por sua vez, podem levar as pessoas afetadas a se cortarem outra vez, já que não conseguem lidar com essas emoções desagradáveis. Surge um tipo de círculo vicioso. Vazio interior, tensão ou caos emocional insuportável, a que se responde com automutilações, que, após um breve período de alívio, desemboca outra vez em vergonha, sentimentos de culpa e tensão, a que se segue novamente *um comportamento autodestrutivo*.

Pais, amigos e familiares se deparam frequentemente com o problema de não conseguirem entender o motivo dos cortes, o que leva seguidamente à incompreensão e ao conflito com as pessoas afetadas. Eles revistam desconfiados o quarto, as bolsas e os objetos pessoais, destroem todas as lâminas de barbear, na esperança de evitar que ocorram possíveis cortes e ficam furiosos assim que descobrem novos ferimentos nos braços das pessoas afetadas. Com frequência, isso leva, por sua vez, a conflitos e desentendimentos. Ao sentimento de incompreensão e de vergonha, as pessoas afetadas respondem geralmente com um comportamento autodestrutivo.

Uma paciente que, devido à tendência suicida e à automutilação, teve de ser acolhida durante anos repetidamente na psiquiatria – sua ficha médica era bastante extensa –, esteve regularmente internada em tratamento desde a primeira infância. Ela se estrangulava com o cinto do roupão de banho e injetava por via intravenosa diversas substâncias, por exemplo, misturava água com fertilizante para flores e injetava um pouco nas veias. Por isso, esteve repetidamente no serviço de emergência dos hospitais e quase morreu de septicemia. Ela mal conseguia suportar os sentimentos negativos que brotaram nela no âmbito dos conflitos com parceiros ou com sua família, e sentia uma tensão indescritível. Para reduzir novamente esse sentimento *desagradável, ela precisava ferir a si mesma. É possível que ela preferisse morrer de uma septicemia a suportar a sensação de infinita tensão ou superá-la de outra maneira.*

Com frequência, os pais e familiares enfrentam com desespero absoluto o comportamento autodestrutivo. De todos os sintomas e anomalias comportamentais que a doença borderline *apresenta, esse é o que, em regra, eles menos conseguem compreender. Que a filha, há anos, tenha uma alteração constante nos relacionamentos, periodicamente procure um novo emprego, frequentemente entre em conflitos, entenda muitas coisas erroneamente, isso a pessoa ainda consegue suportar, com isso ela já se acostumou. Inclusive as oscilações de humor, os frequentes altos e baixos, os acessos de raiva, tudo isso é suportável. Mas que a própria filha se corte e se fira constantemente com uma lâmina de barbear, se inflija cicatrizes profundas e, em parte, visíveis por toda a vida e, dessa maneira, desfigure seu próprio corpo, isso é difícil de suportar e testemunhar – essa é uma reação frequente dos pais. Muitas vezes, os familiares consideram os cortes inclusive uma tentativa de tirar a vida. É certo que isso nem sempre confere com a realidade, mas as pessoas próximas muitas vezes não conseguem perceber ou distinguir isso.*

Para os terapeutas é muito importante aceitar as pessoas afetadas e levá-las a sério. Isso significa aceitar num primeiro momento os cortes, ou seja, o comportamento autodestrutivo, e reconhecê-los como parte atual da doença: como uma tentativa de enfrentar os sentimentos desconfortáveis, ainda que seja uma tentativa disfuncional. Importante é não sair condenando os afetados ou fazer-lhes face em termos morais. No entanto, igualmente importante é demonstrar compreensão com os familiares e levar a sério e reconhecer também as suas preocupações e os seus medos. O termo técnico "tratar de forma psicoeducativa" significa: informar as pessoas afetadas e os familiares detalhadamente sobre a doença e sobre os sintomas, esclarecer sua continuação, as causas e as possibilidades de tratamento. Justamente em vista do comportamento autodestrutivo, é importante diferenciá-lo da tendência suicida aguda e explicitar essa diferença também para os pais e familiares.

Muitas vezes, durante o serviço noturno, precisei atender jovens na detecção de risco de suicídio, os quais anteriormente haviam comparecido à pediatria, ou seja, aos serviços de emergência, a fim de serem tratados dos ferimentos ocasionados pelos cortes. Nas conversas, geralmente ficava evidente que os jovens, devido a uma briga ou a um conflito que se manifestava como sentimento de vazio interior ou de tensão, lançavam mão de uma navalha a fim de pôr fim a esse sentimento desagradável. Quando a mãe, então, encontra sua filha sangrando no quarto, é natural que ela presuma inicialmente que sua filha quis causar dano a si mesma, ou seja, pretendeu tirar a própria vida. Que, por meio da automutilação, se possa pôr fim, no curto prazo, aos sentimentos desagradáveis e, no primeiro momento, se tolere melhor as dores corporais do que o caos emocional anterior e a tensão insuportável, isso é algo que as mães no início mal conseguem imaginar. Apesar disso, muitas vezes é difícil para os familiares e principalmente para os pais entender que seu filho prefira infligir intencionalmente dores e ferimentos, em vez de adotar estratégias de ação alternativas diante de sentimentos desagradáveis ou simplesmente aguentar o sentimento desagradável até que ele talvez despareça por si mesmo. Apesar de toda a compreensão, é muito importante, no entanto, dizer precisamente para as pessoas afetadas que toda automutilação pode levar acidentalmente à morte.

No meu último semestre de estudo, trabalhei por algum tempo numa unidade fechada e conheci uma jovem paciente que foi internada repetidamente por causa de um comportamento maciçamente autodestrutivo. Um dia ela se estrangulou de maneira tão grave com o cinto do roupão de banho, que sofreu um ataque epiléptico. Foi encontrada tarde demais pelos pais, asfixiada pelo vômito. Considero esse caso trágico um exemplo que serve de alerta para que, em hipóte-

se alguma, se minimize o comportamento autodestrutivo e que serve de motivação para deixar isso claro também para as pessoas afetadas.

As razões para o comportamento autodestrutivo, principalmente a atitude de cortar-se, são muito diversificadas: Por um lado, a percepção da dor corporal faz com que, num primeiro momento, a pessoa se sinta melhor em relação ao caos emocional ou à tensão anteriores. Muitas vezes, isso tem início como um comportamento impulsivo, que em algum momento pode se tornar um hábito, ou seja, um ritual. Isso auxilia o doente a reduzir a tensão interior e se recuperar na realidade. Algumas pessoas afetadas relatam que a visão do seu sangue correndo provoca neles sentimentos de euforia, praticamente como num estado de intoxicação. O ato de cortar-se provoca sentimentos de êxtase como por ocasião do consumo de drogas. Outros doentes buscam com isso obter controle sobre sua vida caótica ou castigar-se devido a pensamentos ou atos supostamente ruins. Há também pessoas com borderline que, através do ato de cortar-se, querem chamar a atenção sobre si e pedir ajuda.

Ainda que as causas do comportamento autodestrutivo possam parecer variadas, elas geralmente despertam incompreensão no respectivo ambiente. Muitas vezes, fui chamada ao serviço de emergência por colegas médicos, que haviam prestado atendimento cirúrgico aos jovens com ferimentos resultantes dos cortes, porque eles geralmente presumiam que os jovens tivessem tentado se suicidar. Frequentemente, os jovens ficavam muito envergonhados e magoados devido a uma observação um pouco menos empática do médico, que estava antes algo irritado com o fato de ter de atender uma pessoa que se fere a si mesma presumivelmente de maneira intencional, em vez de ter tempo suficiente para se dedicar às pessoas que nada podem fazer frente a sua doença. Muitas vezes, a falta de compreensão da causa da automutilação desemboca, no caso das pessoas afetadas, em sentimentos de vergonha e de culpa, o que, por sua vez, pode fomentar o comportamento autodestrutivo.

Apesar disso, claro que é muito importante obstar eventuais pensamentos e intenções suicidas e, eventualmente, acolher o paciente de maneira emergencial. Igualmente importante é reduzir o comportamento autodestrutivo. É que ele pode, como já mencionado, levar inclusive acidentalmente a um suicídio.

Uma possibilidade de desistir de um comportamento autodestrutivo é o aprendizado de estratégias de ação alternativas que podem ser postas em prática no caso de tensão. Por exemplo, as pessoas afetadas podem manter seus braços em água corrente fria, banhar-se em água gelada, fazer uma corrida ou morder uma pimenta ou um pimentão. Há inúmeras possibilidades de reduzir a tensão interna. Isso pressupõe, no entanto, combinar claramente essas skills *com os pacientes e, no caso ideal, o que em regra só é possível em uma enfermaria, praticá-las juntamente com os pacientes durante a fase de tensão.*

Sentir-se e aceitar-se

A descrição precedente, a partir da perspectiva médica, já indicou possibilidades terapêuticas de demover os clientes com *borderline* dos cortes autodestrutivos. As *skills* mencionadas querem levar o doente a sentir intensamente a si mesmo, sem com isso se ferir. Entretanto, essas reações alternativas sempre passam também por uma experiência dolorosa: Eu devo sentir um frio intenso nos braços ou um gosto bem picante na língua. São técnicas que passam por um sentir intenso, por um sentir que não se pode ignorar.

A técnica de sentir-se intensamente, precisamente por meio da dor, era conhecida já na Idade Média. Na Idade Média tardia existia uma automutilação consciente, na qual a pessoa batia dolorosamente em si mesma com flagelos. Isso provocava fortes dores. Podemos perguntar pelo motivo que levava alguém a flagelar a si mesmo. Para as pessoas da Idade Média isso não era um sinal de doença, mas uma expressão da vida espiritual. No ano de 1260

surgiram, em Perúgia, procissões de flagelantes. As pessoas anda-
vam em grupos pelas cidades e se flagelavam publicamente. Numa
época de guerra e de dificuldade econômica, elas queriam fazer
penitência. Em outra ocasião, no ano de 1348, essas procissões de
flagelantes ressurgiram. Elas se disseminaram por toda a Europa.
As pessoas queriam afastar de si o castigo de Deus, que temiam
por causa de uma vida terrena horrível na Caríntia e de uma peste que se disseminava. Relacionar o fenômeno das procissões de
flagelantes – sem querer fazer aí uma avaliação histórica – psicolo-
gicamente com a automutilação no caso de *borderline* poderia ter
um resultado similar: A pessoa não consegue aceitar a si mesma.
Ela tem medo dos sentimentos de culpa, medo de não viver a vida,
medo de não ser sequer percebida nesse mundo turbulento e de
não mais sentir a si mesma. Assim, o que se busca não é a expiação
pelos pecados – como na Idade Média –, mas sentir a si mesmo. Ao
se sentir, a pessoa se sente viva, se sente como parte da humanida-
de. Ela tem um sentimento de pertença. E ela percebe a si mesma.

Os papas condenavam os flagelantes, pois eles apresentavam
traços anticlericais. No entanto, sempre é melhor reconhecer a verdadeira intenção desses movimentos e redirecioná-la aos poucos.
Os flagelantes não poderiam ser reprimidos com violência, mas somente por meio da renovação da Igreja. O fenômeno da automutilação é, para a personalidade *borderline*, a forma de sentir e aceitar
a si mesma. No entanto, ao mesmo tempo, é uma forma dolorosa.
Tampouco essa forma se deixa simplesmente reprimir. É possível
apenas tentar redirecioná-la. A psicoterapia tenta redirecionar a automutilação por meio das assim chamadas *skills*.

Veredas espirituais para sentir a si mesmo

Existem também veredas espirituais que levam a pessoa a sentir a si mesma. Elas são mais brandas. Elas passam, por um lado,

pela respiração. Ao sentir conscientemente a respiração, sinto também o meu corpo. Outra forma passa pelo contato comigo mesmo. Abraço a mim mesmo e imagino que sou abraçado por Cristo. No entanto, é questionável se esse autoabraço brando é suficiente para os clientes com *borderline*. Eles precisam evidentemente de meios mais árduos para se sentirem. Uma maneira passa pela própria dor. Contudo, em vez de ferir a si mesmos, eles podem também perceber essa dor, por exemplo, ao se ajoelhar e permanecer nessa posição por um longo período. No passado, os pais muitas vezes castigavam os seus filhos ao fazê-los ficar de joelhos sobre um pedaço de madeira. Claro que esse é um castigo inaceitável atualmente. No entanto, para os clientes com *borderline*, esse ato de ajoelhar sobre um pedaço de madeira poderia ser uma forma para se sentir e, desse modo, reduzir a tensão.

Outro gesto é a assim chamada *prostratio*. Eu deito o meu corpo inteiro sobre a terra, com o rosto comprimido sobre as mãos. Nessa postura, sinto o meu corpo. Posso me soltar completamente. E, ao mesmo tempo, manifesto o anseio corporal de sentir a mim mesmo e a Deus. E reconheço nesse abraço a minha impotência. Não consigo ajudar a mim mesmo. Nesse gesto, consigo somente sentir-me intensamente diante de Deus. Esse gesto não passa pela dor, mas por uma unidade intensa com a terra. Sinto-me unido comigo mesmo e com tudo o que existe. E nessa unidade posso soltar a mim mesmo, sentir-me seguro, aceito e amado em Deus.

Encontrar amor e aconchego no espaço do sossego

Outro auxílio pode ser atravessar pelo caos interior e pelo vazio interior. Reconheço que me sinto vazio, mas confio que, sob o meu caos interior e o meu vazio, há um espaço de sossego, pleno de amor e de aconchego. Ali, nesse espaço interior de sossego, sinto a mim mesmo, a minha identidade, o meu verdadeiro si-mesmo. A esse espaço interior, o caos não tem nenhum acesso. Esse lugar claro e puro no fundo da nossa alma é, segundo Evágrio Pôntico, o psicólogo dentre os escritores monacais do século IV, o "lugar de Deus", o lugar em que Deus mora em nós. Ele é o templo de Deus, repleto da glória e do amor de Deus. A fim de experimentar esse templo em nós, é bom, durante a meditação, conduzir a respiração, ao expirar, através de todo o caos que existe em nosso interior até o fundo da alma, até o espaço do sossego, o "lugar de Deus". Ali encontramos, então, nossa própria identidade. Somente se eu confiar que o fundo mais íntimo da nossa alma é puro e claro, consigo encontrar e aceitar a minha identidade. Do contrário, estarei permanentemente fugindo de mim mesmo e nunca encontrarei o meu centro.

As pessoas com *borderline* fogem constantemente de si mesmas. Elas têm medo de encontrar a si mesmas. Têm medo do caos interior e dos sentimentos de culpa. E, assim, jamais chegam ao seu centro. No entanto, a perda do centro é a razão para que os clientes com *borderline* se comportem de maneira ambígua, para que oscilem constantemente entre a dedicação e a rejeição, entre o rigorismo e o laxismo.

Quem tem medo de si mesmo não consegue chegar a esse espaço íntimo do sossego. Ele precisa da minha ajuda. Faço o exercício junto com ele. Digo-lhe que, agora, ao respirar, ele atravessa todo o caos até o fundo. Asseguro-lhe que não precisa ter medo, que é um espaço claro, acolhedor, pleno de amor, em que ele pode ser inteiramente ele mesmo. Assim, espero que o cliente consiga reduzir o medo do próprio centro e se sentir em casa no espaço do sossego. Essa vereda trilhada para o centro interior pode ser relacionada com a imagem descrita por Hubertus Halbfas na narrativa "O salto no poço": Três irmãos querem descer num poço. O homem que os desce por uma corda promete-lhes que no fundo do poço encontrarão água fresca que cura. Ele lhes diz também que, se ficarem com medo, eles podem dar um puxão na corda, que ele os puxará novamente para cima. Assim, o irmão mais velho desce no poço. No entanto, logo em seguida, ele dá um puxão na corda. As paredes escorregadias do poço lhe são muito desagradáveis. Então, é a vez do irmão do meio. Ele desce mais fundo. No entanto, aí é tão escuro e frio que ele fica com medo. Também ele pede que o puxem para cima. Por fim, é a vez do irmão caçula. Ele confia na promessa do homem à beira do poço. Ele desce pela corda até o fundo. Ali experimenta não só a água clara e fresca, mas uma paisagem esplêndida e encantadora. Ele permanece longamente lá embaixo e traz um pote de água fresca junto ao subir. De modo semelhante, pode-se entender o cuidado espiritual do cliente com *borderline*. Eu fico em contato com ele. Não o envio para algo que o sobrecarrega. Transmito-lhe a confiança de que, no fundo da sua alma, experimentará em si mesmo essa paisagem esplêndida, o espaço do sossego, o espaço do amor e da paz.

Eu mesmo sincronizo – em harmonia com o método da meditação dos monges antigos – a respiração com a assim chamada oração de Jesus. Eu sincronizo com a inalação as palavras: "Senhor Jesus Cristo", e com a expiração: "Filho de Deus, tem piedade de mim!" Na inalação, imagino que Jesus entra no meu coração e o preenche de aconchego. E, na expiração, imagino que o próprio Jesus atravessa o caos dos meus sentimentos e me leva ao espaço do templo que está no fundo da minha alma. Esse espaço do sossego é preenchido pela misericórdia e pelo amor que ressoam nessas palavras. Jesus se torna, por assim dizer, o conselheiro e o cuidador ao atravessar o caos dos meus sentimentos. Isso tira o meu medo de ficar atolado no caos. Jesus me pega pela mão e me conduz ao meu âmago interior. Ali me sinto curado e inteiro. Ali se desfaz a desarmonia interior. Ali, para além de toda ambivalência que sinto em mim, estou em harmonia comigo mesmo. Ali posso simplesmente ser, sem ter de me justificar ou de me defender. As pessoas com *bor-*

derline sempre têm a impressão de que precisam se justificar diante das pessoas que querem prejudicá-las. Ou precisam se justificar pelo seu comportamento e aí escolhem razões impossíveis para se comportarem dessa maneira.

Integrar e transformar o caos

O Evangelho de João narra uma bela história, que nos revela que somos o santuário de Jesus. João concebe o relato da expulsão dos vendilhões do templo (Jo 2,13-22) como símbolo da nossa autoexperiência. Essa concepção fica clara na sua observação final: "Mas Ele falava do santuário do seu corpo" (Jo 2,21). Isso pode ser aplicado também a nós. Muitas vezes, sentimo-nos como um mercado. Nosso corpo e nossa alma estão cheios de ruídos. Ali fazem ruído os vendedores, que gritam uns contra os outros. Esses vendedores simbolizam os pensamentos ruidosos que se digladiam no nosso íntimo. Além disso, no nosso mercado há cambistas. São as reflexões sobre como somos negociados no mercado aberto, sobre qual é o nosso valor de mercado, sobre como somos apreciados pelos outros. E aí há em nós bois, ovelhas e pombas. Os bois simbolizam os nossos impulsos que muitas vezes fazem com que sejamos impelidos. As ovelhas simbolizam o andar vagaroso e obtuso. Simplesmente trilhamos o nosso caminho sem refletir sobre ele. E nos deixamos impelir e condicionar pelos fatores externos. As pombas simbolizam os pensamentos que esvoaçam no nosso íntimo e nunca descansam. Muitas vezes, a nossa cabeça se parece com um pombal. Ali um pensamento substitui o outro.

Jesus entra nesse mercado interior e expulsa os vendedores e cambistas, as ovelhas e os bois: "Aos que vendiam as pombas, disse: Tirai daqui tudo isso e não façais da casa de meu Pai uma casa de comércio!" (Jo 2,16). Na oração de Jesus, Ele entra no meu mercado e tira de mim todos os pensamentos ruidosos, todo elemento impulsivo, superficial e esvoaçante. Quando me sinto como um mercado, isso se manifesta no meu corpo. Eu me contraio para conter o caos interior. A contração de meus músculos expressa o meu medo de que o caos possa dilacerar-me internamente. Quando Jesus transforma o meu mercado num templo, experimento a mim mesmo de forma renovada. Um templo é grande e amplo, é belo e reflete o esplendor e a glória de Deus. Quando entro numa igreja gótica, vivencio-me de uma maneira diferente. Na faixa de pedestres, andava concentrado no meu caminho, com os olhos voltados para o chão. E talvez eu estivesse contraído para me proteger da multidão. Quando entro numa igreja gótica, meus olhos se dirigem involuntariamente para cima. E eu mesmo me endireito. Meu tórax se dilata. Sinto-me livre. E imagino que a beleza do ambiente está também em mim. Consigo apreciar não só a beleza do ambiente, mas também a mim mesmo em meu corpo. Essa experiência relaxa involuntariamente os meus traços e a minha contração se desfaz.

No relato bíblico, Jesus expulsa os vendedores e os animais do templo. O caos tem de ser expulso de nós, para que possamos respirar livremente no nosso templo interior. A arte nos indica ainda um outro caminho. Nas igrejas latinas, os animais, os cambistas, os dragões e os leões, que nos atormentam, são representados nos capitéis. São, portanto, levados para dentro do espaço da igreja. Eles podem existir. Contudo, perderam o seu poder destrutivo. Eles são, por assim dizer, transformados em figuras belas. Eles adornam a igreja. Realçam a sua beleza. Os artistas da Idade Média expressaram nesses capitéis a esperança de que o espaço divino pode transformar todo o caos que existe em nós. Podemos olhar para o caos. Ele não é mais perigoso. Ele pode existir. Ele nos pertence. Adorna o nosso corpo e a nossa alma. Torna-nos vívidos e belos.

4 A incapacidade de lidar com os próprios sentimentos

Sentimentos caóticos – Quando as emoções não são reguladas

Na psiquiatria, o transtorno borderline é considerado também um transtorno de regulação das emoções. As pessoas afetadas não conseguem perceber os seus sentimentos de maneira diferenciada; elas têm dificuldades em distinguir um do outro o medo, a raiva, o ódio, a vergonha e outros sentimentos, e os vivenciam, muitas vezes, somente como um horrível estado de tensão, que não conseguem suportar nem enfrentar. Não é raro que os dissociem e só consigam pôr fim a esse estado, em última análise, por meio do comportamento autodestrutivo. O elemento característico é que esses pacientes têm, em termos psicológicos, somente um limiar de sensibilidade baixo para os estados de tensão e, além disso, um nível de agitação elevado e um declínio vagaroso da agitação emocional ao nível base. Isso significa que mesmo pequenos detalhes, logo pequenos estímulos exteriores, como observações realmente inocentes de outra pessoa, são suficientes para colocar os afetados em um estado de tensão maciça; no entanto, o nível base de uma agitação somente retorna com um atraso considerável.

Um adolescente que conheci a partir de meu trabalho, que apresentava sintomas de um transtorno borderline, relatou que o seu *comportamento autodestrutivo era inclusive a única possibilidade de obter controle sobre o seu universo emocional caótico. Nada parecia dar certo na sua vida. Até o momento, a sua vida era caracterizada pelo abandono escolar, nenhum senso para uma perspectiva profissional plena, gasto extensivo de dinheiro e jogos no computador com enorme culpa daí resultante, frequentes trocas de relacionamentos, término de amizades, consumo excessivo de álcool, um permanente sentimento de tristeza e de vazio interior e um sistema familiar caótico e instável, caracterizado por inúmeras mudanças. A única coisa que até aqui ele mesmo pôde determinar foi o ato de cortar-se, ao passo que, de resto, sentia-se constantemente dominado pelas circunstâncias adversas e entregue ao próprio destino. Ele conta que, por ocasião dos conflitos com sua mãe ou do estresse com os professores, ele conseguia perceber um sentimento terrível de tensão interior; ele, contudo, não fazia a menor ideia do que o sobrecarregava dessa forma. Ele realmente não conseguia diferenciar um do outro o medo, a vergonha, a raiva, a inveja e outros sentimentos, e isso simplesmente lhe parecia algo terrível. Geralmente isso lhe sobrevinha do nada e terminava frequentemente em um comportamento disfuncional, como a automutilação por meio de cortes, bater a cabeça contra a parede ou beber em excesso, a fim de, no curto prazo, pôr fim ao caos emocional.*

Seguidamente, chegam a nós adolescentes com sintomas de borderline, *cujos pais apresentam sintomas similares e, com isso, favorecem o desenvolvimento posterior de um transtorno* borderline *manifesto de seus filhos. Esses jovens têm naturalmente um sistema nervoso muito sensível e reagem a leves estímulos com emoções excessivas seguidas de um declínio lento da agitação. O estado de tensão persiste por mais tempo do que no caso de pessoas saudáveis. Se esses filhos têm pais ou um ambiente próximo que reagem de modo desfavorável e não conseguem acolhê-los emocionalmente, essa assim chamada desregulação afetiva segue sendo fomentada. Muitas vezes, os pais nem sequer estão cientes dos seus próprios problemas ou capturados* de tal forma pela própria doença que, com frequência, na sua perspectiva, não conseguem reagir de outra maneira. Com isso, surgem círculos viciosos que, às vezes, são atenuados ou interrompidos pela saída dos adolescentes da casa paterna e pelo tratamento intensivo numa clínica ou numa unidade residencial terapêutica.

É igualmente importante apoiar as pessoas com borderline no processo de conhecer seus próprios sentimentos e de diferenciar uma da outra as suas diversas emoções. Isso só é possível, contudo, por meio de uma psicoterapia aplicada a longo prazo. Existe também a possibilidade de reduzir os sintomas desgastantes – como a profunda tristeza, os constantes remorsos e os intensos acessos de raiva –, recorrendo temporariamente a medicamentos, a fim de deixar as pessoas afetadas aptas para o tratamento terapêutico.

Entender as emoções

Ao ler o texto acima, que descreve as experiências da terapeuta, ocorrem-me principalmente dois enunciados: Por um lado, as pessoas com borderline não conseguem diferenciar os seus sentimentos. Por outro lado, esses sentimentos provocam nelas um estado de alta tensão e agitação. E essa tensão causa medo. Por isso, o primeiro auxílio é diferenciar os sentimentos. Os antigos monges cultivavam a conversa com as emoções. Nesse sentido, tinham o seguinte princípio: Não sou responsável pelos sentimentos que surgem em mim, mas apenas pelo modo de lidar com eles. Essa regra nos dispensa da atitude de avaliar. Todas as emoções, por mais caóticas que sejam, podem existir. Não devemos nos condenar por causa delas. Devemos aprender a lidar com elas, em vez de deixar que elas nos condicionem.

Os monges designaram as diferentes emoções, buscaram entendê-las. Com isso, já se adquire certa distância em relação a elas. Consigo olhar para as emoções e reagir a elas. O problema das pessoas com *borderline* é que não conseguem diferenciar as emoções. É tudo um caos emocional, sem que, nesse caos, elas consigam separar os diferentes sentimentos um do outro. Isso torna ainda mais relevante que o cuidador e o doente busquem conjuntamente designar os sentimentos. Nisso, pode ser útil colocar a minha mão sobre o coração e me perguntar: O que sinto ali onde toco o meu peito? Tento constatar os sentimentos no corpo. Talvez sinta, então, diferentes sentimentos no corpo. Não estou mais entregue ao caos. Começo num pequeno ponto a me perceber conscientemente e a designar mais precisamente os sentimentos. Outra possibilidade seria retratar os sentimentos por meio da pintura. Nesse caso, nem sequer preciso diferenciá-los. Simplesmente começo a colocar no papel de alguma forma o caos emocional que existe em mim. Em seguida, podemos observar a pintura conjuntamente e conversar a respeito.

Transformar as emoções em energia

O próximo passo seria então transformar as emoções. Pois nelas se encontra uma importante energia vital. Precisamos dessa energia para viver bem. Assim, não se trata de reprimir e descartar as emoções, mas de familiarizar-se com elas e conhecer o seu sentido. Nesse caso, não devemos avaliar as emoções. Elas simplesmente existem e podem existir. Nossa tarefa é apenas lidar bem com elas e transformá-las. Transformação significa: Tudo pode existir. Não preciso me condenar porque essa emoção emerge em mim. Mas eu sinto que ela também pode me dominar. Por isso busco – juntamente com a pessoa que me acompanha – uma forma de transformar a emoção numa energia boa. Uma forma de transformação passa por indagar pelo sentido da emoção. Toda emoção tem um sentido. Mas esse sentido não está claro de imediato. Por isso, é necessária a conversa interior com a própria emoção, no que o terapeuta ajuda a indagar pelo seu sentido. É preciso que o terapeuta ou também o conselheiro espiritual auxilie as pessoas com *borderline* a encontrarem a coragem de olhar para suas emoções, chamá-las pelo nome e, sem avaliá-las, indagar pelo seu sentido.

Quando identifico o sentido da minha emoção, ela se transforma numa energia positiva. A irritação que me acomete pode ser transformada na força para me proteger da proximidade excessiva da outra pessoa que não consigo tolerar. Posso transformar a inveja na gratidão de ser essa pessoa única, com as experiências que somente eu fiz. Quando olho para meu medo, ele é relativizado. Inicio uma conversa com ele e indago-o a respeito do que ele quer me dizer. Ou eu me pergunto: Do que realmente eu tenho medo? Ao concretizar o medo, consigo descobrir o seu sentido. Quando tenho algum medo da opinião das pessoas, o medo quer me levar a mim mesmo. Ele me exorta a sentir a mim mesmo, em vez de me tornar dependente dos outros e da sua opinião. Ou o medo quer me convidar a encontrar o meu fundamento em Deus e não na opinião das pessoas. Quando tenho medo de não realizar a minha vida, então me pergunto: O que, afinal, tenho de realizar? O que significa: não realizar a vida? Vivo como é possível. Busco a cada dia de novo dizer sim para a vida. Quando tenho medo dos abismos da minha alma, de todo o desconhecido que existe em mim mesmo, quero convidar o medo, colocar tudo o que está em mim na luz de Deus, para que a luz de Deus possa permear tudo. Então, confio que não há nada em mim que não possa ser permeado pela luz e pelo amor de Deus.

O significado dos rituais

Outra possibilidade de reagir aos sentimentos são os rituais. Para muitos clientes com *borderline*, o ato de se ferir tornou-se um ritual. Isso é a única coisa que eles conseguem fazer efetivamente. Contudo, eles prejudicam a si mesmos e entram num círculo vicioso de vergonha e de nova automutilação. Os rituais são também algo que podemos fazer. Eu não estou entregue ao caos interior de forma desamparada. Não consigo impedir que de repente eu fique agitado e que emerja em mim um caos de sentimentos. No entanto, posso me exercitar para reagir a esse caos interior. Posso, por exemplo, logo que o caos interior surgir em mim, colocar a minha mão sobre o abdômen e sentir a mim mesmo. Ao colocar a mão sobre o abdômen, digo para mim: Eu permaneço comigo. Não permito agora que me condicionem a partir de fora. Ou posso dizer: Na minha mão, a mão de Deus repousa sobre o meu abdômen. E agora Ele me protege de explodir. E eu posso respirar lentamente e ficar inteiramente atento à minha respiração. Então reajo ativamente ao caos emocional. Cada um tem de descobrir os seus próprios rituais, que podem ajudá-lo a reagir ativamente ao caos emocional. Semelhante ritual também poderia ser o seguinte: Eu coloco a mão no meu bolso. Ali tenho um pequeno anjo. Seguro-o em minha mão e lhe peço que me ajude. Aí tenho algo concreto. Posso segurar o anjo e me apegar a ele, a fim de não provocar uma explosão disforme. Ao sentir-me segurando o anjo, retorno a mim mesmo. E logo que me sinto, consigo também reagir ativamente à agitação dos meus sentimentos. Decisivo é que eu desista do desamparo e da impotência ao me acostumar com um ritual por meio do qual consigo reagir ao caos emocional. Aí não continuo vítima da minha desarmonia interior. Eu a aceito. No entanto, consigo dar-lhe a minha resposta pessoal.

Protegido pela bênção

Muitas pessoas consideram benéfico deixar que um sacerdote abençoe certos objetos. O objeto abençoado lembra-as permanentemente de que a bênção de Deus está com elas no cotidiano. E o objeto torna-se um símbolo da promessa de Deus para elas. O anel abençoado, por exemplo, comunica-lhes que Deus une tudo o que nelas está fragmentado. Assim, pode ser benéfico deixar abençoar a imagem de um anjo, uma cruz, uma medalha ou uma pedra, por exemplo, no formato de coração. Quando o caos emocional inunda a pessoa, ela pode segurar na mão essa pedra, essa medalha, essa cruz e imaginar bem concretamente: "Eu não estou sozinho neste momento. A bênção de Deus está comigo. O sacerdote que abençoou este objeto também está comigo. Ele reza por mim. A bênção de Deus é como um manto protetor que afasta de mim o caos emocional".

5 A incapacidade de suportar a si mesmo

Dificuldades sociais, rejeição e incompreensão

Os pacientes com borderline *frequentemente estão convencidos de não serem amáveis. Eles têm a impressão de serem sempre rejeitados pelos outros. Embora anseiem ser aceitos, na realidade experimentam repetidamente a rejeição e a incompreensão. O motivo é a sua natureza difícil e o seu comportamento muitas vezes incompreensível para o meio em que vivem. Eles se sentem então rapidamente confirmados em não ter valor algum e serem sempre incompreendidos.*

Essas pessoas têm muitos aspectos amáveis; elas fariam tudo pelos amigos e pelas pessoas do seu convívio. Com frequência, elas se preocupam bastante com seus semelhantes e têm dificuldade em suportar quando os outros estão mal. Frequentemente, são muito inteligentes e não são poucos os que, à primeira vista, gerenciam muito bem a sua vida profissional. Em muitos casos, eles são muito bem-sucedidos profissionalmente. No entanto, seguidamente os vários aspectos bons também afundam no caos que elas disseminam ao seu redor e nos conflitos que elas repetidamente provocam. Além disso, elas mesmas têm muita dificuldade em perceber os seus aspectos bons, identificar os seus próprios pontos fortes e os seus objetivos já alcançados e alegrar-se com eles principalmente quando estão metidos numa crise.

Por vezes, as pessoas afetadas pelo borderline *experimentam a sua vida, desde o princípio, como algo muito difícil e desgastante. Não é raro que tenham pais ou familiares que apresentam doenças mentais ou um comportamento muito complicado, e que, por isso, lhes oferecem pouca estabilidade emocional e, assim, acabam reforçando o seu comportamento disfuncional. Geralmente, as suas anomalias começam a surgir na puberdade ou no início da idade adulta e isso causa dificuldades no convívio social, na escola, na faculdade, na profissão, nas amizades e nas relações interpessoais. Repetidamente encontram pessoas cuja biografia apresenta inúmeras rupturas; elas vivenciam muitas amizades instáveis; e relacionamentos curtos e intensos pavimentam sua experiência de vida. É frequente a experiência de que o seu ambiente tem problemas com elas, que ele não consegue entender seu agir e reage com reserva e rejeição. As pessoas com quem se envolvem, em quem confiam, rejeitam-nas frequentemente depois de pouco tempo; com isso, confirma-se repetidamente a sua suposição de que ninguém as ama e entende. Inclusive a interrupção da terapia é algo que se repete. E isso reforça a sua suposição de que ninguém – nem um terapeuta – consegue realmente ajudá-las. Essas pessoas oscilam de um lado para o outro: por um lado, a suposição de que são culpadas de toda infelicidade e, por outro, a convicção de que elas mesmas não são dignas de serem amadas.*

Ainda que algumas delas demonstrem uma fachada de firmeza, aparentem ser bastante autoconfiantes e convincentes, a ponto de que, à primeira impressão, o seu ambiente se sinta até mesmo intimidado, isso, na realidade, só esconde uma profunda insegurança interior. De fato, elas têm uma psique instável, que sempre precisa ter outras pessoas ao seu redor e que presumivelmente obtêm sua autoestima somente na relação com seus semelhantes. Essas pessoas dificilmente suportam ficar sozinhas consigo mesmas.

Realidade espiritual: o anjo como cuidador

As pessoas que não conseguem aguentar a si mesmas ou têm a sensação de que são impossíveis, de que ninguém consegue suportá-las, vivenciam também a si mesmas como insuportáveis. Não conseguem aguentar ou aceitar a si mesmas. Elas têm a sensação de que são intoleráveis. Talvez outras pessoas inclusive já lhes tenham dito que mal conseguem suportá-las. Assim, elas mesmas se vivenciam como insuportáveis, como uma carga para o seu ambiente. A questão é o que pode ajudar essas pessoas.

Uma imagem que me ocorre – quando penso na situação das pessoas que não conseguem suportar a si mesmas – é a figura do anjo. O anjo me acompanha. Anda comigo inclusive pelos meus desvios e descaminhos. Quando imagino que o meu anjo me suporta, cresce também aos poucos a confiança de que consigo suportar a mim mesmo. E a imagem do anjo é uma ajuda para me suportar também no convívio com outras pessoas. Uma menina que seguidamente ouvia dos pais a mensagem "Ninguém consegue te suportar", perguntou-me se o anjo realmente iria suportá-la, mesmo que ela repetidamente fosse má. Quando lhe prometi isso, ela se consolou. E a tensão interna ruim saiu de seu rosto. A menina era a filha de uma mãe solteira. E a relação com a mãe estava muito tensa. A mãe seguidamente a acusava de ser difícil e insuportável. Nesse caso, é benéfico imaginar o seguinte: Eu não estou sozinha com minha mãe. Há também um anjo comigo. Ele me aguenta, de modo que eu consigo suportar a mim mesmo. Mas o anjo está também entre mim e minha mãe. Ele me protege dos caprichos da minha mãe. Ainda que a minha mãe se aborreça e grite comigo, o anjo, por sua vez, está do meu lado. E ele me defende. E ele abre, por assim dizer, de maneira protetora, as suas asas sobre mim.

Quando me refiro à imagem do anjo, não penso que o anjo seja apenas uma imagem. O anjo é uma realidade. No entanto, a respeito dessa realidade, conseguimos falar somente recorrendo a imagens. Não devo imaginar o anjo de forma demasiadamente concreta, como se conseguisse telefonar para ele. Do contrário, o anjo se torna um construto. Contudo, devo confiar que o anjo está comigo e me envolve com amor. E nós fazemos menção ao anjo da guarda. O anjo me protege das mensagens negativas do meu ambiente, dos sentimentos negativos de que não consigo me diferenciar. Quando imagino que o meu anjo da guarda sempre me acompanha, tenho a sensação de viver numa área protegida. Faz bem para as pessoas afetadas pelo *borderline* afigurar essa imagem da área protegida e do anjo da guarda.

A cura do possesso de Gérasa

Na Bíblia, encontro uma história que descreve uma típica personalidade *borderline*. É o relato da cura do possesso de Gérasa. Nele há um jovem possuído por demônios. Ele vive em túmulos. "Nem mesmo correntes podiam segurá-lo. De fato, muitas vezes lhe tinham posto correntes e algemas, mas ele quebrava as algemas, despedaçava as correntes e ninguém tinha força para dominá-lo. Dia e noite andava entre os túmulos e pelos montes, gritando e se ferindo com pedras" (Mc 5,3-5). Ele é uma pessoa que se sente dilacerado de modo similar aos afetados pelo *borderline*. Eles não conseguem se suportar a si mesmos. Existe neles uma tensão imensa. Essa tensão se manifesta de tal forma que eles sempre gritam e simplesmente não permitem ser enquadrados num esquema. Eles rompem todas as cadeias com as quais se quer acalmá-los. Todas as medidas terapêuticas para acalmar os doentes não ajudam. Sua força interior resiste. Mas esse homem tampouco consegue efetivamente viver. Ele vive em túmulos, portanto, num lugar em que normalmente ninguém gostaria de viver. Túmulos simbolizam uma pessoa que se sente interiormente morta. Esse homem está possuído por um demônio. Ele é arrastado de um lado para o outro pela sua tensão interior. Ele não tem um centro. Percebe-se que ele sofre. Ele não consegue morar com as pessoas e, ainda assim, anseia pelo convívio com elas. Do contrário, não gritaria tão alto. E ele bate em si mesmo com pedras. É o típico sintoma do *borderline*: ferir a si mesmo. Pelo visto, esse homem só consegue se sentir ao bater em si mesmo com pedras.

Esse homem agora encontra Jesus. Seria possível dizer: Em Jesus ele reconhece o terapeuta. Mas ele se comporta diante do terapeuta da mesma maneira que um cliente com *borderline*. "Vendo Jesus de longe, ele correu, caiu de joelhos diante dele e gritou em voz alta: O que tens a ver comigo, Jesus, Filho do Deus Altíssimo? Eu te conjuro por Deus que não me atormentes" (Mc 5,6s.). Por um lado, o doente correu até Jesus e caiu de joelhos diante dele. Ele sente que este Jesus poderia ajudá-lo. Por outro lado, porém, ele resiste a Jesus, ao seu terapeuta. Ele presume que a terapia signifique um desafio. Contudo, ele não gostaria de ser desafiado. Isso significaria para ele um tormento. Nos túmulos ele não é feliz. Mas se Jesus o curasse, ele tampouco saberia como dar continuidade a sua vida. Sua própria identidade seria transformada. Jesus lhe disse: "Sai deste homem, espírito imundo!" (Mc 5,8). Jesus vê que nessa pessoa atua um espírito que turva o seu pensar e o seu sentir e o impede de ser ele mesmo. Em seguida, Jesus lhe perguntou: "Qual é o teu nome? Ele respondeu: Meu nome é legião, porque somos muitos" (Mc 5,9). Ele não tem, portanto, uma identidade clara. Ele tem a sensação de que muitas partes diferentes vivem nele, de que está dividido em várias personalidades. Jesus vê nesse jovem homem caótico e dilacerado em si mesmo a pessoa única que ele é, a imagem única de Deus que está nele. Jesus acredita na pessoa saudável que se encontra nesse homem caótico.

A cura sucede de forma singular e estranha para nós. Os demônios pedem que Jesus os deixe entrar numa vara de porcos. Jesus lhes permite isso. "Os espíritos impuros saíram das pessoas e entraram nos porcos. A vara, de uns dois mil porcos, precipitou-se barranco abaixo, dentro do mar, e se afogou" (Mc 5,13). No doente encontram-se poderes tão imensos que dois mil porcos se precipitam no abismo. Contudo, quando esses poderes imensos deixam o doente e se externalizam, o doente fica saudável. A cura acontece, portanto, não pelas palavras piedosas, mas pela fé de Jesus na pessoa saudável que se encontra no doente, e pela expulsão poderosa dos demônios, de modo que eles podem se exteriorizar em sua obra destrutiva. Aplicado à terapia para as pessoas que sofrem de *borderline*, o significado disso é o seguinte: Todas as tensões internas que dilaceram os doentes precisam ser externadas. Isso pode suceder no ato de pintar, ou de expressar o caos interior ou mesmo quando o doente põe para fora todo o caos interior, por exemplo, ao bater ao redor de si com uma raquete ou espancar um saco de boxe a fim de expulsar de si todo o caos interior. Tudo o que o dilacera interiormente precisa vir para fora, para perder a sua força interior. O que Jesus pratica aqui é bem semelhante aos métodos terapêuticos, quando se oferece *skills* aos clientes, a fim de que sintam uma dor intensa ou um sabor picante na boca. A tensão interior tem de vir para fora de alguma maneira. Inclusive uma escalada difícil poderia ajudar a pessoa a se libertar das tensões. Quando se chega em casa bem cansado, aí se está repentinamente unido consigo mesmo. Peter Handke fez essa experiência ao se sentar sobre uma pedra, cansado da longa caminhada. Ele estava tão cansado que até o seu medo de cães havia desaparecido. Ele se sentiu unido com a natureza inteira e também unido consigo mesmo.

6 A falta de ligação

Transtornos de apego tornam-se transtornos de personalidade

Quando os filhos em seus primeiros anos de vida são negligenciados pelos seus pais ou sofrem abusos (sexuais, corporais ou psíquicos) e não têm à disposição nenhum parceiro de ligação confiável e constante, daí pode resultar um transtorno de apego. Ainda que uma mãe psiquicamente doente não consiga se ocupar adequadamente com o seu filho, essa pode ser a consequência. Com frequência, dos transtornos de apego na adolescência ou no início da idade adulta resultam, em algum momento, os transtornos de personalidade. Também o transtorno de personalidade borderline *pode surgir dessa forma e, além disso, se tornar um fator de risco para o surgimento de outras anomalias psíquicas e transtornos de personalidade.*

Um caso a partir da minha própria atividade na psiquiatria estacionária: Uma jovem paciente com borderline *havia crescido em meio a relações sociais difíceis. Seus pais, ambos com anomalias psíquicas, separaram-se já durante a gravidez. A mãe esteve repetidamente em tratamento estacionário desde os primeiros anos de vida da filha por causa do seu próprio problema de* borderline *e da dependência. A menina – acomodada temporariamente em diversos orfanatos – veio pela primeira vez ao tratamento psicoterapêutico ainda durante a puberdade apresentando sintomas marcadamente depressivos, comportamento autodestrutivo e pensamentos suicidas. Além disso, ela apresentava um transtorno de apego, por causa do qual, na realidade, deveria ter sido submetida bem antes a um tratamento psicoterapêutico de longo prazo. No curso da terapia estacionária, um quadro sintomático de border-line em estágio inicial ficou cada vez mais nítido. Repetidamente, ela testou a relação com diferentes terapeutas na unidade e se comportou também em relação a mim de maneira variável: uma vez, acessível e, em seguida, de novo ostensivamente desfavorável.*

Reagir interrompendo a relação terapêutica teria significado apenas uma confirmação do comportamento que teve até o momento. Inúmeras rupturas de relacionamento com diversas pessoas balizaram a sua vida até o momento. O seu padrão costumeiro indica que, de qualquer forma, não se consegue suportá-la, dado que ela é tão difícil.

O seu comportamento nitidamente manipulador e divisor foi tema, repetidas vezes, de nossas conversas. Isso teve um efeito positivo no fato de ela permanecer por muito tempo na unidade e pelo menos nesse período ter algumas pessoas de relacionamento em que confiava. E, assim, inclusive esse comportamento manipulador e divisor por fim diminuiu um pouco com o passar do tempo. Essas pessoas precisam fazer a experiência de que realmente podem confiar em alguém e de que essa pessoa de contato a suporta, ainda que manifestem comportamento difícil, repetidamente testem a relação com o terapeuta e com isso provoquem rupturas nas relações. Ter nos terapeutas parceiros de ligação constantes e duradouros é, portanto, muito importante para as pessoas afetadas pelo borderline. *É claro que as condições no dia a dia clínico, em geral, não mostram estar à altura dessa necessidade.*

Relações saudáveis

Uma forma relevante de terapia é, certamente, que a pessoa com *borderline* consiga estabelecer uma ligação de confiança com o terapeuta, que ela experimente que o terapeuta a suporta e não a abandona quando passa por uma fase difícil ou negativa em que ela apenas o ofende. Tão importante quanto uma boa relação com o terapeuta é também a relação com o conselheiro espiritual ou o convívio com os amigos. Além disso, é preciso também a existência de grupos em que o doente se sinta aceito e seguro. O grupo terapêutico certamente faz bem ao doente. Mas também a igreja tem uma tarefa importante. Ela oferece um espaço comunitário em que também as pessoas doentes têm lugar e se sabem aceitas. Esse espaço pode ser a paróquia ou também os grupos menores no interior da comunidade, por exemplo, um círculo bíblico ou um círculo familiar ou um grupo de meditação. Para os jovens oferecem-se os grupos de jovens na paróquia, ou também o grupo dos coroinhas. Para o grupo não é tão simples suportar um membro que se caracteriza pelas oscilações emocionais extremas. No entanto, quando o grupo conhece o fenômeno *borderline* e lida com o doente de maneira paciente e clara, isso pode ser saudável para a pessoa afetada. Além da ligação a pessoas concretas na comunidade, para as pessoas afetadas pelo *borderline* pode ser saudável também a integração na estrutura formal relevante da liturgia. Uma falta de ligação similar a dos clientes com *borderline* é característica também entre os jovens que sofrem de Tdah (Transtorno do Défice de Atenção e Hiperatividade). Esses jovens não conseguem suportar nenhum sossego. Precisam estar permanentemente em movimento. Tdah é algo distinto do *borderline*, mas também aqui se trata de uma falta de ligação. Uma professora contou-me a respeito do seu filho de dez anos, que a consumia completamente com seu problema de Tdah. Depois da primeira comunhão, ele insistia em ser coroinha. A mãe teve medo de que ele, no altar, fosse tão inquieto como em casa. E, por isso, a missa se tornou um tormento para ela. Pois ela ficava pensando o tempo todo no que os outros pensariam dela como mãe. No entanto, na primeira missa em que o filho serviu como coroinha, ela mal conseguia acreditar nos seus olhos. Seu filho estava de pé no altar, vestido de coroinha, totalmente quieto e retraído. Ele se integrou a um papel que era maior do que ele mesmo. Estava ligado a um ritual. Estava ligado a um mistério que era maior do que ele mesmo. Um pediatra relatou que a encenação de uma peça de teatro tem um efeito positivo similar sobre crianças inquietas. Nesse caso, as crianças se integram a um papel. Elas também estão ligadas a algo que as excede.

Tanto na liturgia como na peça de teatro está em jogo a ligação a algo maior do que a gente mesmo. É, em última análise, a ligação ao mistério. Segundo Karl Rahner, mistério é a designação apropriada para Deus. Deus é o mistério absoluto. Quando estamos ligados a esse mistério, a inquietação interior dos afetados pelo Tdah e a ausência de ligação dos clientes com *borderline* podem ser transformadas, ao menos momentaneamente, numa integração a algo que nos excede. A ligação ao mistério – que é maior do que nós mesmos – é, em última instância, o que o termo religião exprime. Religião vem de *religare*. Significa: religar a Deus. A religação a Deus pode ser salutar para os clientes com *borderline*.

Experiências de proteção: imagens de Deus

No entanto, para que a ligação a Deus possa ter um efeito terapêutico, é preciso, em primeiro lugar, a conversa com a pessoa afetada pelo *borderline*. Isso ocorre porque é provável que ela não saiba por onde começar quando lhe disser que a ligação a Deus é saudável para ela. A ligação a Deus é algo muito abstrato para ela. Algumas pessoas têm uma imagem de Deus que, antes, provoca medo. Nesse caso, também a ligação a esse Deus não seria saudável. Outros têm uma imagem de Deus como se fosse um mágico, que simplesmente faria desaparecer os seus problemas, mas se decepcionam quando Deus não ajuda. As inúmeras orações de nada adiantam. Quando as pessoas afetadas pelo *borderline* não experimentaram os seus pais como pessoas de relação confiáveis, elas também têm dificuldade de experimentar a Deus como alguém em quem possam confiar. Deus tampouco deve ser simplesmente um substituto para os pais. Ele não se encontra no mesmo patamar que os pais. Por isso, é preciso uma orientação sábia para o mistério de Deus. Deus pode ser experimentado na natureza. Quando os clientes com *borderline* se sentem protegidos na natureza, conseguem aprofundar essa experiência. O que me sustenta na natureza? Não falamos em vão da "Mãe Terra". Quando estou deitado num campo, sinto-me sustentado, aceito, ligado. No entanto, o que é a Mãe Terra? Em última análise, ela remete para Deus, que permeia toda a natureza com seu espírito, com seu amor.

Outra maneira de experimentar proteção é ouvir música. Martin Heidegger disse uma vez: "Ouvir leva à proteção". Quando ouço música com meu corpo inteiro, sinto-me protegido. Trata-se, em última análise, também da proteção num mistério que é maior do que eu mesmo. Pois a música remete sempre para algo transcendente.

Também pode ser útil visitar um museu de artes e escolher uma ou duas pinturas que me tocam interiormente. Em seguida, ficar longamente diante da pintura, buscando me concentrar inteiramente no olhar. Esse olhar me liberta do meu ego. Ele faz com que eu me una com aquilo que olho. Isso pode aquietar a minha inquietação interior. E posso imaginar: Aquilo que eu olho me olha. E ao ser olhado pela beleza, acho-me belo, consigo olhar carinhosamente para mim mesmo.

Experiências de comunidade e de pertença

Os clientes com *borderline* podem experimentar a ligação interior também na missa ou pela participação em rituais religiosos. Entretanto, muitos não saberiam por onde começar no caso das missas. Uma boa maneira seria a participação ativa. Quando os jovens participam ativamente – por exemplo, como coroinha ou leitor ou comentarista –, quando talvez usem inclusive uma vestimenta litúrgica, vivenciam que estão imersos em algo maior e ligados ao Maior. É benéfico também quando participam ativamente em rituais, quando, por exemplo, tomam parte numa dança cênica ou numa procissão festiva e, ali, experimentam uma ligação interior, ou quando se envolvem em uma peregrinação. Nesse caso, experimentam movimento e, ao mesmo tempo, ligação e comunidade. O ato de caminhar numa peregrinação sempre é algo aberto para o mistério, o qual envolve todos os peregrinos e para o qual todos caminham. Para os afetados pelo *borderline*, também podem ser positivas as formas estáveis com as quais se celebra uma missa. No entanto, é preciso uma boa orientação e explicação dos rituais celebrados na missa. Aos que celebram deve ficar claro que os rituais têm algo a ver com eles, que eles têm em vista, em última análise, sua transformação e cura. Muitas vezes, critica-se que a missa católica sempre transcorre nas mesmas formas, que antigas orações são proferidas em uma linguagem que para nós não é mais contemporânea. No entanto, são precisamente as formas antigas e as orações antigas que oferecem um suporte para a pessoa intimamente dilacerada. Ela pode se apegar à oração. A linguagem das antigas orações é enriquecida pelas experiências de fé de séculos. Quando o afetado pelo *borderline* ouve ou profere uma antiga oração, como, por exemplo, o Pai-nosso, ele consegue imaginar que nessa oração muitas pessoas, por assim dizer, o apoiam, o respaldam e lhe dizem: "Nós te apoiamos e estamos do teu lado. Estamos contigo e te respaldamos. Tua vida vai dar certo. Não estás sozinho. Nós olhamos por ti. Tu és um de nós". Essa experiência de pertença a uma grande comunidade, a uma comunidade que inclui também as pessoas que nos precederam na morte, pode ser saudável para as pessoas que não conseguem suportar a si mesmas.

7 O perdão

Resposta aos sentimentos de culpa

No hiato entre ódio e raiva: deixar para trás o tema da culpa e as acusações

Na atividade terapêutica, conheço repetidamente pais que quase sucumbem na busca pelas causas do transtorno borderline. *Eles vasculham a história de vida de seus filhos desde o nascimento em busca de certos acontecimentos e, por vezes, culpam algumas pessoas – que, em dado momento, estiveram próximas dos filhos, como o tio, o vizinho ou o zelador da escola – de terem alguma coisa a ver com o surgimento da doença. A isso se soma o fato de culparem a si mesmos, pois reagiram erroneamente e não levaram os sintomas a sério no momento certo. Nas conversas com os pais, busco deixar claro que, em regra, não existe* uma única causa, *mas que é uma combinação de vários fatores que leva à manifestação da doença. Esses fatores podem ser, por exemplo, uma predisposição congênita (diante da qual os pais ou demais familiares nada podem fazer), e, além das causas biológicas e das condições sociais, podem ser inclusive experiências traumáticas ou, pelo menos, negativas na infância, que interagem de maneira desfavorável.*

Muitas vezes, os pais leem na internet que as pessoas afetadas pelo borderline *teriam sofrido um abuso sexual na infância. Por consequência, eles ficam obcecados por encontrar alguém dos arredores* que pudesse ter feito alguma coisa ao seu filho e, assim, provocado a doença. Não é raro que o pai seja acusado pela sua esposa de ter se aproximado demasiadamente do filho.

A mãe de uma paciente com borderline já adulta estava de tal forma envolvida na busca pela causa do surgimento da doença que procurou uma cartomante, que leu as cartas a respeito da sua filha e acreditou descobrir nelas um professor que teria feito alguma coisa à sua filha há poucos anos. Essa mãe, que se comportava de modo bastante estranho e em que se podia supor uma predisposição genética, descartou completamente seus próprios sentimentos de culpa e estava como que obcecada pela ideia de encontrar o culpado pelo infortúnio da sua filha. Ela imaginou subitamente identificar fortes nexos temporais entre as anomalias comportamentais da sua filha e o período em que ela frequentou a escola com certo professor. Foi muito difícil orientá-la a simplesmente aceitar a existência da doença e a pôr fim à busca pela causa única. Durante muitos meses, tivemos repetidas conversas sobre a sua filha e a doença. Em algum momento, ela conseguiu aceitá-la e, no contexto de uma troca de profissão, encontrou outra tarefa e outra autoestima e, entrementes, consegue viver relativamente bem com a ideia de aceitar a doença sem procurar a causa ou o culpado.

Procuro sempre deixar claro para as pessoas afetadas e para o seu meio que de nada adianta buscar a causa única para o surgimento da doença. Considero importante transmitir que tampouco os ajuda culpar a si mesmos ou aos outros, mas que é importante olhar para frente e confiar em si mesmos e na pessoa afetada para controlar esse transtorno, ou seja, reduzir os sintomas ao ponto de ser possível uma vida aceitável e medianamente normal. Muitos têm dificuldade com esse ponto de vista. Principalmente no início do tratamento, na fase do diagnóstico, é frequente que queiram buscar a qualquer preço um culpado. Isso parece mais fácil do que encarar a doença com todos os seus desafios e aceitar que, no momento, a própria pessoa e os seus familiares não estão bem e que precisam de ajuda. No entanto, com o *passer do tempo, a maioria reconhece que de nada adianta culpar a si mesmos e aos outros e que é mais apropriado para eles esquecer o tema da culpa e, assim, sentir menos ódio ou raiva de si mesmos e dos outros.*

Auxílios para os pais

Os sentimentos de culpa são um tema que ocupa os pais dos clientes com *borderline*, mas eles afligem também os próprios doentes com *borderline*. Sentimentos de culpa são sempre algo desagradável. Eles tiram da pessoa o chão firme debaixo dos seus pés. Os pais preferem tentar encontrar nos outros a culpa pela doença dos seus filhos. A busca pelos culpados é para eles, frequentemente, uma fuga da doença. Em vez de se dedicar à criança doente, eles giram em torno da questão da culpa. Ao buscar a culpa em si mesmos, eles se debilitam. Nesse caso, estão sempre fazendo penitência e com isso fazem mal a si mesmos. No entanto, desse modo não ajudam o filho doente. Pelo contrário, reforçam inclusive os sentimentos de culpa das pessoas afetadas pelo *borderline*.

Os portadores de *borderline* lidam com os seus sentimentos de culpa atribuindo aos outros a culpa. Eles se defendem dos sentimentos de culpa evitando fazer qualquer autocrítica e culpando permanentemente os outros. Os outros são culpados de eles chegarem muito tarde. Os outros teriam informado erroneamente o horário. Eles distorcem a realidade somente para se sentirem inocentes e jogarem a culpa nos outros. Isso não é um indício de que não possuam nenhuma instância interna, nenhuma consciência que lhes transmita o senso da sua culpa. Rauchfleisch entende, em contrapartida: "Numa análise mais precisa das pessoas com *borderline*, constatamos que, ao contrário, elas têm até mesmo uma consciência excessivamente rigorosa e se sentem permanentemente culpadas. Uma vez que, no entanto, essa condição é, em última análise, insuportável, elas desenvolveram, para sua proteção, a "técnica" inconsciente de, diante do menor conflito, atribuir a culpa às outras pessoas e assim – pelo menos, é o que esperam – livrar-se de sua própria consciência pesada" (RAUCHFLEISCH, 2015: 36).

A questão é como os pais e os doentes com *borderline* podem lidar de forma mais adequada com os seus sentimentos de culpa. Aos pais eu aconselho: "Vocês não devem se culpar nem se desculpar. Vocês não sabem qual é a verdadeira causa. Mas parem de ficar o tempo todo remoendo o que fizeram de errado. Olhem de preferência para o futuro e vejam o que poderia ajudar a sua filha ou o seu filho". Não é benéfico para os filhos quando os pais se culpam a si mesmos. Porque, nesse caso, eles fragilizam a si mesmos e se tornam incapazes de ajudar os filhos. Eles devem se reconciliar com o fato de que agora a situação é assim como é. E devem se perguntar como podem se comportar hoje em relação aos doentes com *borderline*. Nesse caso, é importante inclusive não culpar os filhos e as filhas ou apenas dizer: "Anima-te. Tu tens de conseguir". É preciso humildade para reconhecer que os filhos estão doentes, que estão intimamente dilacerados. Uma forma importante é, apesar de tudo, não romper a relação. Às vezes, os doentes com *borderline* acusam também os seus pais de serem culpados pela sua situação. Eles teriam feito tudo errado. Nesse caso, os pais não deveriam se justificar ou se defender, nem assumir toda a culpa. Eles deveriam entregar a Deus aquilo que deu errado na educação e pedir-lhe que transforme em bênção aquilo que eles deram aos filhos. E aquilo que não foi tão bom, que não puderam dar aos filhos, Deus possa acrescentar. Ele possa dar aos filhos a força de lidar com as deficiências de modo a se tornarem maduros e fortes. Pois deficiências nem sempre têm de levar à doença. Algumas pessoas lidam também com a falta de amor de modo a amadurecerem e entrarem em contato com as suas próprias fontes interiores.

Veredas para deixar para trás o sentimento de culpa

Para as pessoas afetadas pelo *borderline*, ocorrem-me duas veredas espirituais que podem auxiliar as pessoas diante desses sentimentos de culpa extremos e do seu medo da própria culpabilidade. A primeira vereda é novamente a técnica da meditação. Elas devem imaginar que atravessam todos os seus sentimentos de culpa e vão até o fundo da alma. E esse fundo da alma está livre dos sentimentos de culpa. Ali a culpa não tem acesso. O dogma católico segundo o qual Maria foi concebida sem pecado original se refere a esse lugar interior, em que todos nós estamos sem culpa. Maria é o tipo da pessoa redimida. Por um lado, vivemos num mundo contaminado pelo pecado – isso significa o conceito de pecado original. Por outro lado, no fundo da nossa alma há um espaço em que estamos limpos da culpa. A liturgia expressa isso quando, no dia 8 de dezembro, dia da festa "Maria Imaculada", prevê a leitura do trecho da Epístola aos Efésios em que consta: "Ele (Deus) nos escolheu em Cristo antes da constituição do mundo, para sermos santos e irrepreensíveis (*immaculati*) diante dele no amor" (Ef 1,4). Em nós, portanto, há um espaço em que Cristo habita. E onde Cristo habita em nós, a culpa não tem acesso. Também isso é uma condição para encontrar a própria identidade e obter sossego no fundamento mais íntimo. As pessoas afetadas pelo *borderline* nunca encontram sossego. Elas precisam jogar a culpa nos outros porque têm um medo incurável diante da própria culpabilidade.

E esse medo impele-as a distorcer repetidamente a realidade. É evidente que elas mesmas sentem que as suas atribuições de culpa não condizem com a realidade. No entanto, não conseguem admitir isso, porque o medo da consciência rigorosa, que lhes atribui toda a culpa, as impele a jogar a culpa nos outros. Quando descobrem em si o espaço interior em que estão sem culpa, em que são puras e transparentes, em que são *immaculati* (impecáveis, sem mácula, sem culpa), elas conseguem encontrar sossego interior. Então, não precisam negar a culpa, mas podem avançar através dos sentimentos de culpa até o espaço interior do sossego, ao qual a culpa não tem acesso. Ali encontram a paz interior.

A experiência do perdão

A segunda vereda espiritual – que pode ajudar as pessoas afetadas pelo *borderline* a lidar adequadamente com a sua culpa – é a experiência do perdão. Nesse caso, refiro-me não ao perdão que elas devem praticar em relação aos outros, mas primeiramente ao perdão que elas mesmas experimentam. É que elas mesmas não conseguem se perdoar pelo fato de serem tão complicadas, de terem uma consciência tão rigorosa que as acusa constantemente. Elas conseguem perdoar a si mesmas somente quando experimentam o perdão de Deus. A simples promessa "Deus te perdoa" pouco ajuda nesse caso. Pois ela toca apenas o seu intelecto, mas não o seu coração. Uma forma mais relevante para acreditar no perdão é a meditação de Jesus na cruz, assim como retratada pelo Evangelista Lucas. É que Lucas descreve a crucificação em imagens que devemos afigurar em nós. Ao afigurarmos essas imagens em nós, elas agem não só em nosso intelecto e coração, mas ainda mais profundamente. Elas desfazem em nosso inconsciente as resistências ao perdão. Pois no âmago do inconsciente as pessoas com *borderline* têm uma resistência ao perdão. Elas não conseguem acreditar nele. Lucas descreve Jesus na cruz rezando pelos assassinos: "Pai, perdoa-lhes porque não sabem o que fazem" (Lc 23,34). Quando medito nessas palavras, devo confiar que não há nada em mim que não seja perdoado por Deus. Se o próprio Jesus perdoa aos seus assassinos, perdoará também a mim.

Paul Tillich, um teólogo evangélico, designa o perdão de "aceitação do inaceitável". Os clientes com *borderline* se percebem como inaceitáveis. Uma maneira concreta para me aceitar apesar da minha inaceitabilidade consiste em reformular as palavras de Jesus, dirigidas para mim. Rezo então repetidamente: "Pai, perdoa-me porque eu não sabia o que fazia". Então, paro de me culpar constantemente ou, por puro medo dos sentimentos de culpa, de jogar a culpa nos outros.

O grande coração de Deus

Às vezes, apesar de todas as tentativas, não se consegue convencer as pessoas afetadas pelo *borderline* de que não precisam ter sentimentos de culpa e que os pensamentos caóticos que lhes ocorrem não são culpa. Alguns pensam também que prejudicam aos outros com os seus pensamentos caóticos. No entanto, enquanto os pensamentos permanecem na cabeça, não prejudicam os outros. Também aí se aplica de novo o princípio dos antigos monges: Não somos responsáveis pelos pensamentos que nos ocorrem, mas somente pelo modo de lidar com eles. É claro que os doentes não desejam esses pensamentos caóticos e agressivos. Por isso não devem supor que com isso prejudicam aos outros. Aconselho essas pessoas a deixar de lado essa suposição e simplesmente ler o enunciado da Primeira Epístola de João: "Pois se o nosso coração nos acusa, maior do que o nosso coração é Deus que sabe tudo" (1Jo 3,20). Deus sabe todos os nossos pensamentos caóticos. Contudo, Ele não nos acusa. O seu coração é maior do que o nosso coração por vezes mesquinho, que quer saber exatamente o que é e o que não é culpa. O grande coração de Deus nos entende com o nosso caos interior. No seu coração, nós temos lugar para tudo o que surge na nossa alma. Esse enunciado silencia a nossa suposição. Também podemos nos apegar a esse enunciado quando os pensamentos confusos ameaçam nos precipitar no caos.

8 O verdadeiro si-mesmo

Resposta à dúvida sobre si mesmo

Quem realmente sou? – A identidade perturbada e a imagem insegura de si mesmo

Por vezes, conheço pacientes que sofrem porque não sabem quem realmente são, o que querem e como veem a si mesmos. Eles sempre se sentiram diferentes das outras pessoas; não conseguem, todavia, descrever realmente o que querem dizer com isso, o que seria diferente neles. Eles sempre já se sentiram como se fossem alienígenas e muito solitários, se bem que contam, ao mesmo tempo, com um grande círculo de amigos.

Uma jovem paciente com borderline, *que qualquer observador diria ser muito bela e de boa aparência e que qualquer pessoa afirmaria ter um corpo fantástico, sempre se achava muito gorda e criticava em si aquilo que para os outros, no primeiro momento, seria motivo de inveja. Ela tinha uma opinião muito negativa a respeito do próprio corpo. Ela nos procurou na clínica primordialmente por causa de um distúrbio alimentar em fase inicial, sob a superfície do qual era possível reconhecer cada vez mais os traços de um transtorno* borderline. *Ela também oscilava repetidamente entre a atração por homens e um interesse por mulheres. No que diz respeito à sua orientação sexual, ela estava bastante indecisa no início da idade adulta. Repetidamente, tinha a impressão de ter de agradar a sua mãe dominante e satis-*

fazer as suas expectativas, sem se dar conta do que realmente quer e de como realmente se vê. Ela iniciou, a pedido da mãe, um curso acadêmico que não a atraía, ainda que durante algum tempo tentasse se convencer de que não havia nenhum curso que ela realmente gostasse de fazer e que seu interesse pela área de trabalho deste curso ainda pudesse surgir.

Com muitos afetados sucede algo semelhante: Durante muitos anos eles vivem uma vida sem se dar conta da sua própria identidade, dos seus motivos e da sua imagem de si mesmos. Em alguns pacientes, de modo algum se conseguiria, à primeira vista, identificar o seu transtorno; eles parecem externamente muito fortes. Com base numa observação superficial, diríamos que eles vivem uma vida boa, têm uma carreira de sucesso, e a partir de um contato ocasional não iríamos supor que tenham uma grave doença psíquica. No entanto, ao conhecê-los de forma mais próxima, vemos, sob essa superfície, pessoas que não têm a sensação de saber quem realmente são, que não se orgulham da sua vida nem estão felizes com ela, que pensam não serem autênticas, que estariam só enganando e iludindo as outras pessoas, que não conseguem se alegrar sobre seu sucesso e acham que tudo seria acaso e imerecido. Inclusive o próprio sentimento de autoestima torna-as consideravelmente dependentes das outras pessoas. Elas necessitam constantemente da confirmação das outras. Elas mesmas não estão cientes das suas qualidades e dos seus pontos fortes.

Eu acompanhei o tratamento de uma jovem que sofria de border-line, *a qual alterava periodicamente a sua imagem de si mesma e os seus ideais, de acordo com a opinião e os interesses dos seus amigos atuais. Desde o 13º ano de vida, ela teve uma variação frequente de relacionamentos com homens de diferentes idades e de origem social completamente distinta. Na sua aparência, na cor dos cabelos, no estilo das roupas, bem como nas suas opiniões, ela sempre se ajustava aos parceiros. Ela não tinha uma única opinião que fosse independente dos respectivos parceiros. Ela alterava regularmente inclusive os seus objetivos profissionais posteriores, assim como o seu círculo de amigos. É natural que, dependendo do seu parceiro atual, os seus pais estivessem muito preocupados com o futuro da sua filha e não conseguissem nunca estar seguros de que aquilo que ela fazia seria consistente e duradouro. Num encontro em nossa clínica, ela apareceu com os cabelos pintados de preto e com um visual de* emo. *No próximo encontro, já poderia ser uma aparência completamente diferente, de acordo com o círculo de amigos ao qual ela estivesse associada naquele momento. Ela adotava os ideais e interesses daquele grupo sem questioná-los e se mostrava muito ofendida quando seus pais criticavam seu novo estilo ou não o levavam a sério.*

Outra jovem paciente, que realizava o tratamento primordialmente por causa de depressões e que tinha uma mãe que sofria de borderline, *raramente conseguia dizer o que ela mesma queria e quais seriam os seus próprios desejos. Algo parecido se passava com a sua mãe, que frequentemente se orientava pelas opiniões do seu companheiro dominador e que alterava, ela mesma, os seus desejos e pontos de vista com bastante frequência. A filha estava tão confusa com a volatilidade de sua mãe que ela própria não desenvolveu uma imagem de si mesma nem uma ideia dos próprios desejos e objetivos. Quando defendia a sua própria opinião, ela nunca tinha certeza de que o que disse seria elogiado pela mãe ou logo criticado e classificado como uma bobagem. E, além disso, a mãe poderia rapidamente alterar outra vez o seu ponto de vista, de acordo com o humor e a opinião do seu companheiro. Uma vez que mãe e filha tinham uma relação bastante simbiótica, é natural que uma separação fosse muito difícil e, mesmo após vários anos de terapia, ainda não havia sido alcançada numa medida suficiente.*

Outro desafio no tratamento dos pacientes com borderline *surge quando eles tentam manipular o terapeuta. Não é raro que, no ambiente estacionário, busquem dividir as equipes de educadores, cuidadores e terapeutas ou ainda jogar os pais ou familiares e os respectivos médicos uns contra os outros. Quando, com base em sua experiência profissional, se constata essa situação, é possível intervir e tratá-la terapeuticamente; no entanto, precisamente no ambiente da família ou dos amigos, é difícil identificar e reagir adequadamente a ela.*

Muitas vezes, conheço jovens atingidos pelo borderline *que, no seu ambiente familiar, provocam, por meio das suas cisões, conflitos violentos entre os pais ou inclusive entre os irmãos, o que, às vezes, torna bastante difícil, precisamente no início do tratamento, identificar o fio condutor em meio ao emaranhado de informações e de atribuições de culpa. Também em nossa reunião regular da equipe da área estacionária ou da ambulatorial é necessário tratar sempre os pacientes com o foco nas suas patologias, uma vez que, do contrário, corremos o risco de nos deixar manipular e nos dividir enquanto equipe.*

A imagem do si-mesmo verdadeiro: auxílio espiritual contra a cisão

A personalidade *borderline* que duvida de si mesma precisa de um terapeuta ou de um conselheiro espiritual que acredite nela. Entretanto, muitas vezes ela não torna fácil para o terapeuta acreditar em sua identidade. Porque as dúvidas sobre si mesmo conduzem à oscilação permanente entre os sentimentos de inferioridade extremos e o comportamento arrogante. Assim, o terapeuta muitas vezes não sabe se atua para fortalecê-la ou, por outro lado, para trazê-la novamente ao chão da realidade. E, também na condição de conselheiro espiritual, faço a experiência de que a personalidade *borderline* tenta me manipular. Também no Recollectiohaus, o centro terapêutico para sacerdotes e colaboradores eclesiais em Münsterschwarzach, experimentamos repetidamente que esses hóspedes querem dividir a equipe. E, às vezes, eles inclusive obtêm êxito quando os integrantes da equipe não ficam atentos. A divisão pode suceder de modo a desvalorizar ou o conselheiro espiritual ou o terapeuta ou ao dizer que se precisa somente de auxílio espiritual. Pois a psique estaria inteiramente saudável. E o psicólogo apenas faria uma abordagem patologizante. Os cuidadores precisam ter muito cuidado para não considerar demasiadamente nem o elogio extremo nem a desvalorização. Porque por detrás disso está inclusive a tendência de manipular.

Na condição de conselheiro espiritual, prefiro oferecer a essas pessoas sem identidade clara exercícios que se baseiam em textos bíblicos e ao mesmo tempo têm uma esfera psicológica. Isso evita que os clientes joguem a esfera psicológica e a espiritual uma contra a outra ou cindam a sua própria alma em piedosa e mundana. As palavras demasiadamente piedosas somente reforçam essa cisão. Em minha opinião, uma figura bíblica que leva em conta ao mesmo tempo a esfera psicológica é, precisamente no caso de forte dúvida sobre si mesmo e de identidade difusa, a imagem do verdadeiro si-mesmo. Refiro-me, nesse caso, ao Evangelho de Lucas, que descreve o agir curador de Jesus à luz da filosofia grega e da psicologia. Após a ressurreição, Jesus diz a seus discípulos: "Sou eu mesmo" (Lc 24,39). Em grego, consta aqui: *Ego eimi autos*. Segundo a filosofia estoica, *autos* é o verdadeiro si-mesmo, o núcleo único e intocado da pessoa, o santuário interior, em que somos inteiramente nós mesmos. Quando o ressurreto diz: "Sou eu mesmo", reside aí a resposta ao anseio da filosofia estoica. No estoicismo as pessoas anseiam ser livres das preocupações e das necessidades deste mundo, ao encontrar o seu centro interior e o verdadeiro si-mesmo, que é livre das exigências deste mundo.

Os filósofos estoicos querem avançar rumo ao seu verdadeiro si-mesmo, para o santuário interior, em que não podem ser feridos por ninguém. Segundo o Evangelho de Lucas, ressurreição significa, aplicado a Jesus, que Ele se tornou inteiramente Ele mesmo, o filho único do Pai. Participar na ressurreição de Jesus significa nos tornarmos inteiramente nós mesmos, nos tornarmos livres das superficialidades do cotidiano, livres do poder das outras pessoas, das suas expectativas e demandas e dos seus juízos, nos erguermos do inautêntico para o autêntico, entrarmos no santuário interior em que Deus reside em nós e em que entramos em contato com a genuína e intocada imagem de Deus de nós.

Quando, na meditação sobre o aspecto misterioso da ressurreição, entramos em contato com nosso verdadeiro si-mesmo, desfazem-se as dúvidas sobre nós mesmos. E não estamos mais submetidos à pressão de termos de nos justificar, de termos de provar alguma coisa. Os clientes com *borderline* sempre estão submetidos à pressão de ter de demonstrar algo para os outros, de ter de se comprovar. E, ao mesmo tempo, duvidam de que são autênticos. Eles sentem que encenam a sua autenticidade, que simulam um si-mesmo ao qual, todavia, não correspondem. Quando simplesmente somos nós mesmos, ficamos livres dessa pressão. Então, simplesmente *somos*. Não nos avaliamos, não duvidamos de nós. Isso é uma experiência libertadora. É uma experiência espiritual. Pois Deus é o Ser puro. E quando, sem intenção e sem autoavaliação, simplesmente *somos*, tomamos parte no Ser puro de Deus. Nesse caso, vivenciamos o que Angelus Silesius disse a respeito da rosa: "A rosa não tem porquê. Ela floresce porque floresce. Não pergunta se alguém a vê". A experiência desse ser desinteressado liberta as pessoas das suas dúvidas a respeito de si mesmas.

A questão é saber como uma pessoa com *borderline* pode fazer uma experiência desse tipo. Uma forma seria: Repito para mim mesmo o dia todo: "Sou eu mesmo". Não se trata de dizê-lo artificialmente como se de qualquer forma eu tivesse de ser eu mesmo. Eu simplesmente digo essa expressão para o interior dos meus sentimentos. Deixo-a vir à tona na alvorada, no café da manhã, na conversa com os outros, no trabalho. Aí sinto que diminui a pressão de que tenho de me comprovar. E desfaz-se o medo de que pudesse demonstrar algo para os outros. Não preciso me comprovar, nem demonstrar algo para os outros. Devo ser simplesmente eu mesmo, ainda que de modo algum consiga descrever precisamente esse "mesmo". É uma noção do meu núcleo mais íntimo, da minha essência. Todo elemento exterior, que as pessoas veem, não é importante. O elemento exterior não consegue definir o si-mesmo. O si-mesmo excede todas as coisas superficiais. Ele não pode ser desestabilizado ou destruído pelas dúvidas sobre si mesmo nem pelas avaliações externas.

Outra maneira seria simplesmente sentar-se num banco de uma bela praça e imaginar o seguinte: Eu não tenho de fazer nada agora, não preciso provar para ninguém quem eu sou, tampouco para mim mesmo. Tenho o direito de simplesmente estar aí. Estou aí assim como essa árvore, como essa pedra. Sou ser puro. Nesse ser puro sou inteiramente eu mesmo. Não preciso descrever esse si-mesmo. Simplesmente está aí. É intocado pelas demandas críticas do exterior. É simplesmente o meu núcleo mais íntimo, mais intacto, mais ileso e mais original, o meu si-mesmo espiritual, o meu si-mesmo verdadeiro.

Outra experiência que pode ajudar as pessoas que não conseguem reconhecer a si mesmas é a certeza de que são amadas incondicionalmente. No batismo, cada um de nós ouve a palavra de Deus: "Tu és meu filho amado, tu és minha filha amada; em ti me comprazo". É bom que tenhamos presente repetidamente essa frase. Eu sou amado assim como sou, inclusive com o meu caos. Não preciso me ajustar para ser amado. Posso ser eu mesmo. Sou amado incondicionalmente por Deus. É claro que essas pessoas devem também experimentar que são aceitas e amadas incondicionalmente pelas outras. Não é preciso que me oriente pelas expectativas dos outros. Posso simplesmente estar aí, sem constantemente precisar me justificar e demonstrar algo. Cada um de nós traz em si a necessidade de ser amado. Não podemos ignorar essa necessidade. Mas podemos transformá-la ao imaginarmos: Eu me amo assim como sou. Eu me aceito sem estabelecer condições para mim. Abandono todas as concepções de como eu deveria ser. Permito-me ser eu mesmo. E devo imaginar: Eu sou amado por Deus assim como eu sou. Sou aceito incondicionalmente. Aí se relativiza a necessidade de ser amado por todas as pessoas. E me liberto da ânsia de me ajustar por toda a parte somente para ser amado.

9 A falta de estrutura diária

Os rituais como recurso terapêutico

A vida interior caótica e a falta de estrutura externa

Fundamentalmente, faz bem para todas as pessoas que a sua vida tenha uma estrutura exterior e um fluxo regulado que lhes dê suporte. Os rituais e fluxos cotidianos regulados são particularmente importantes, porém, para as pessoas com doenças psíquicas. Eles lhes oferecem um ponto de apoio externo para a sua vida interior que, de outro modo, é bastante caótica.

Uma paciente que sofre de borderline *– devido às crises psíquicas cada vez mais frequentes incluindo ideias e ações suicidas – não conseguia mais frequentar a escola e, apesar de dispor de suficiente inteligência, não lhe era possível iniciar um curso acadêmico. A sua vida consistia em impulsos depressivos recorrentes e de um comportamento por vezes maciçamente autodestrutivo. Com frequência, ela ficava na cama até depois do meio-dia, não seguia nenhuma rotina regulada e tampouco tinha um ambiente social estável. Quando se levantava em algum momento do dia, começava logo a beber ou a jogar no computador. Repetidamente, tinha ideias suicidas; então, foi internada na unidade fechada e, após uma breve fase de estabilidade, recebeu alta. Na unidade fechada, inicialmente teve muita dificuldade de se ater às regras existentes e às estruturas externas. Ela se* rebelou contra o fato de não poder a qualquer momento fumar tantos cigarros quanto quisesse, e de haver horários fixos para levantar-se, comer, descansar, reunir e dormir, a que todos tinham de se ater. Também aqui ela teria preferido levantar-se só depois do meio-dia e ficar até a madrugada alternadamente fumando, bebendo cerveja e jogando no computador, até que, em algum momento no início da manhã, exausta, adormecesse.

Geralmente, porém, era perceptível que, depois de algum tempo, lhe fazia muito bem ater-se a esses rituais fixos e que essa estrutura exterior conferia estabilidade e segurança ao seu caos interior. E, em algum momento, inclusive ela mesma percebeu essa mudança interior e essa estabilidade psíquica crescente e, então, passou a se ater de bom grado aos horários das refeições, a arrumar seu quarto tal quais os demais pacientes, a participar das atividades grupais nos horários prescritos pelo educador. Era possível ver cada vez mais quanto lhe faziam bem as estruturas regulares e, assim, previsíveis para ela. Ela sabia o que aconteceria durante os dias e tinha poucas possibilidades de se deixar impelir pelas suas emoções e de se mover somente em espirais de pensamentos negativos.

Lamentavelmente, não lhe era possível, após receber alta, integrar essas estruturas na sua própria vida e, assim, geralmente recaía muito rapidamente em hábitos antigos e ruins, que a desestabilizavam emocionalmente, em vez de lhe oferecer um ponto de apoio. Com certeza, teria sido bom se a cliente tivesse continuado a viver num grupo residencial acompanhado. Mas infelizmente nós, médicos, não podemos prescrever isso contra a vontade dos pais e dos clientes.

Muitas vezes, os doentes não frequentam mais a escola nem completam um curso acadêmico e tampouco têm um emprego, uma vez que, devido a sua doença, em algum momento ficaram desempregados, de modo que fundamentalmente lhes falta a necessidade de um cotidiano regulado para ganhar dinheiro. Com frequência, eles têm um ritmo dia-noite disfuncional, levantam-se somente depois do *meio-dia e vão para a cama correspondentemente tarde, ou seja, por vezes somente nas primeiras horas da manhã. Também os contatos sociais se tornam, com o transcurso da doença, cada vez menos frequentes. Dado que lhes falta uma estrutura exterior, fortalece-se crescentemente o seu caos interior, de modo que, muitas vezes, aumenta ainda mais inclusive a gravidade da sua doença.*

Ordem externa saudável, ritmo saudável

A experiência a partir da práxis terapêutica revela: Faz bem para os clientes com *borderline* ter uma agenda clara com rituais fixos. Isso vale não só para eles, e essa não é uma ideia nova. Para São Bento, a clara estruturação do dia é importante. Por meio de uma clara estruturação, uma comunidade pode viver bem conjuntamente. Mas também para o indivíduo é benéfico ter uma ordem clara do seu dia. A ordem externa pode ajudar uma pessoa que é internamente caótica a ficar também psiquicamente em ordem. Quando as pessoas doentes se acomodam, perdem também o seu ponto de apoio. O exemplo da paciente, para a qual uma agenda clara na clínica fez bem, revela que, frequentemente, as pessoas por si mesmas não têm uma ordem e estrutura. No entanto, quando se atém a uma estrutura externa, pode surgir uma estrutura interna. A agenda externa não é uma estrutura coercitiva. Antes, a personalidade *borderline* precisa reconhecer que não tem por si mesma nenhuma ordem. Por isso, ela precisa de uma ordem externa como um auxílio. No caso das pessoas depressivas, aprendi que uma ordem clara bem como rituais fixos tem o potencial de curar a sua doença. Tenho essa esperança também no caso dos afetados pelo *borderline*. É claro que a ordem não é nenhuma panaceia. No entanto, com o tempo, as estruturas externas transformam inclusive as estruturas psíquicas. É um lento processo. Mas quem adquire a paciência de dar para si uma ordem clara, pode ter a esperança de que muitas coisas se transformam na sua alma e que aos poucos encontra também internamente um suporte estável.

Uma boa agenda cria um ritmo saudável. A psicologia sabe que um bom ritmo é saudável para a alma humana. Já os Pais da Igreja falam que os salmos, cantados num determinado ritmo, "ritmizam" a alma. Eles conferem à alma uma boa estrutura. Psicólogos constataram que a criança percebe, já no interior do corpo materno, o ritmo da respiração e da fala da mãe. Há ritmos saudáveis. Ludwig Klages, o filósofo alemão, diz que o ritmo transmite vitalidade e aconchego. O ritmo leva a vida a fluir. O termo grego *rhythmos* significa originalmente "fluir". Da subida e descida regular das ondas do mar derivou-se o termo ritmo, que significa um movimento regularmente ordenado. Toda pessoa tem o seu próprio biorritmo. Quem vive e trabalha no seu ritmo, vive saudável e pode – como disse C.G. Jung – trabalhar de forma mais efetiva e sustentável. E a alma de quem vive num bom ritmo tem parte nesse ritmo saudável.

Rituais estruturantes

Os rituais têm dois significados para o cliente com *borderline*. Por um lado, eles lhe conferem uma estrutura clara. A pessoa não se levanta pela manhã aleatoriamente, mas há um horário fixo para isso. Aí, ela inicia o dia com um ritual. Pode ser o ritual da bênção: Eu fico em pé e abençoo o dia. Abençoo os passos que darei hoje. Assim começo o dia de outra maneira. Meu medo de sair do meu centro fica menor. Tenho a sensação: Eu mesmo vivo, em vez de ser vivido. E não estou sozinho, mas envolto, sempre e por toda a parte, pela bênção de Deus. Há diversos rituais matutinos com os quais posso iniciar o dia. Para um, trata-se sempre dos mesmos gestos. Para o outro, o dia inicia ao abrir a janela deixando entrar o frescor da manhã e saudando o novo dia. O ritual me dá a seguinte sensação: Eu vivo consciente, não me deixo simplesmente impelir.

E inicio o dia com o ritual, pois respeito a mim mesmo. Os filósofos gregos dizem que, porque a nossa vida é uma festa, nós a configuramos com rituais. Quando respeito a minha vida, respeito também a mim mesmo. Isso fortalece pouco a pouco a própria identidade. Confia-se em alguma coisa. A pessoa se sente em casa e protegida e segura em seus rituais. Eles oferecem um ponto de apoio à pessoa.

Inclusive durante o dia, é benéfico para a pessoa com *borderline* a prática repetida de breves rituais. Pode ser uma breve pausa consciente. E, à noite, é bom oferecer o seu dia a Deus. Ela pode estender as suas mãos em forma de concha e oferecê-las a Deus. Ela oferece a Deus todo o caos, tudo o que lhe escapou por entre os dedos. E assim tudo adquire um outro sabor. Ela pode aceitar o seu dia e, ao mesmo tempo, abandoná-lo. Nesse caso, ela desiste de avaliar o dia. Ela simplesmente o oferece a Deus, na confiança de que Deus pode transformar tudo em bênção – inclusive as explosões emocionais das quais ela se envergonha e a desarmonia que lhe é desagradável. Então, apesar da desarmonia interior, à noite ela encontra a paz interior. O dia é assim como é. Ela não pode anulá-lo. Ele inclusive deve ser assim. Ela desiste de avaliá-lo. Pois Deus permite transformar em bênção inclusive o que não é ideal.

Entrar em contato comigo mesmo

O segundo significado dos rituais para a pessoa afetada pelo *borderline* consiste em que eles a colocam em contato consigo mesma. Ao fazer um gesto, sinto a mim mesmo. Eu estou comigo. Chego ao meu centro. As pessoas que sofrem de *borderline* perdem muito rapidamente o seu centro. Elas saem do seu centro logo que uma crítica as atinge ou uma tensão interna as sobrecarrega. Nesse caso, pode ser benéfico praticar breves rituais, como, por exemplo, prestar atenção de forma bem consciente à respiração ou fazer um gesto. Benéficos são pequenos gestos como colocar a mão sobre o coração e perceber o seu coração, os seus sentimentos. Ou posso juntar as minhas mãos para sentir uma mão com a outra. Aí estou comigo e não permito ser condicionado externamente de maneira tão intensa. Eu posso sentir também a mim mesmo ao segurar um objeto na mão, por exemplo, a estatueta de um anjo, uma cruz ou uma medalha.

Uma mulher, que sabe do seu caos interior, ao anoitecer pega, por exemplo, um pequeno anjo e o segura em sua mão durante a noite. Ela havia pedido a um sacerdote que abençoasse esse anjo. Quando ela o segura tem a sensação de que não dorme sozinha, de que está protegida. No anjo, a bênção de Deus a envolve como um manto protetor. O anjo abraça-a com as suas asas. E o anjo ainda está com ela ao despertar de manhã.

À noite, uma mulher doente segura uma pequena cruz nas suas mãos. E, ao despertar, ela ainda a tem na mão. Ela se apega firmemente a essa cruz. A cruz liga nela todo o caótico e contra-ditório. Ao segurar a cruz, esta lhe oferece um ponto de apoio em meio ao caos. A cruz é como uma âncora, que lhe oferece um ponto de apoio em meio às tempestades e ondas do seu mar revolto. Essa âncora não resolve os problemas. Mas em meio aos problemas, ela oferece um ponto de apoio. E assim o doente não está inteiramente entregue às suas emoções e aos seus pensamentos caóticos.

Os indígenas no Peru praticam o ritual de dar a um hóspede ou a um amigo uma pequena pedra que eles encheram com suas preces e bons pedidos. Quando a pessoa segura a pedra em sua mão, consegue se lembrar de que os outros rezaram por ela. Na pedra es-tão reunidos todos os pedidos de bênção. E ao envolver a pedra com a mão, sinto-me abençoado. Consigo recordar que os outros acreditam em mim, que rezam por mim, e que a prece deles é mais forte que minha doença. Hoje é moderno presentear os assim chamados objetos aprazíveis às mãos. É uma referência ao efeito agradável provocado nas mãos de quem segura uma pedra redonda ou um coração ou um anjo. Mais importante seria que esses objetos fossem enchidos também com o meu amor e com os meus pedidos de bênçãos. Aí a pessoa doente pode se apegar interiormente a esse objeto aprazível às mãos e se endireitar novamente.

10 A missão e o sentido

Resposta ao sentimento de vazio crônico

O desgastante sentimento de falta de sentido

Indagadas a respeito dos sintomas ou desconfortos que consideram especialmente desgastantes, muitas pessoas com o transtorno borderline *respondem que sentem como particularmente horrível o permanente sentimento de vazio interior e a forte insensibilidade. Elas têm em mente com isso não uma profunda tristeza ou uma fase depressiva passageira, mas um sentimento de vazio, de falta de sentido e uma insensibilidade, que envolve seu cotidiano inteiro e seu agir e ser por completo. Para uma pessoa saudável, é difícil compreender como é que isso pode ser sentido; certo é, no entanto, que isso deve ser muito desgastante para as pessoas afetadas.*

A única coisa que as ajuda numa primeira impressão subjetiva é o comportamento autodestrutivo, ou seja, os cortes ou os excessos com álcool. Somente por meio dessas atitudes exageradas e prejudiciais, torna-se possível para elas pôr fim a essa insensibilidade, ainda que desemboque novamente no já descrito círculo vicioso de vergonha, colapsos psíquicos, tensão e comportamento autodestrutivo.

Uma paciente relatou que, perto de cada data específica, por exemplo, depois de cada mudança de medicamento, o seu humor estava sim ligeiramente mais estável ou os seus estados de medo ou os seus ataques de pânico eram um pouco menos intensos, mas o senti-

mento de vazio interior, no entanto, continuava a existir e a desgastava bastante. Ela não vê um sentido mais profundo em nada do que faz. Não conseguiu se alegrar nem sobre a bem-sucedida conclusão escolar, nem sobre o fato de ter encontrado um estágio como auxiliar na área de tributos. Ela encarava sempre de maneira crítica inclusive a sua aparência bastante atraente, fez repetidas dietas rigorosas e, depois de cada redução de peso, não se sentia interiormente menos vazia do que antes. Ela não via nenhum sentido em seu futuro, não tinha nenhuma ideia ou noção de como ele poderia transcorrer. Ali nada havia que lhe proporcionasse alegria real.

A tentativa de encontrar atividades corriqueiras que pudessem lhe proporcionar alegria revelou-se algo difícil. Atividades de lazer, como handebol e aulas de piano, ela interrompeu em pouco tempo novamente; também o seu estágio ela encerrou depois de poucas semanas, uma vez que não via sentido no trabalho administrativo presumivelmente monótono. Ela se decidiu, então, por realizar um ano de atividade social voluntária numa instituição para crianças portadoras de deficiência mental. Foi somente nessa época que ela se estabilizou um pouco. Depois desse ano de atividade social, fez um curso acadêmico para exercer uma profissão social, que lhe deu um sentido mais profundo e a ajudou a reduzir ao menos por algum tempo o vazio interior.

O que dá sentido à vida

Vazio e falta de sentido – esses dois sentimentos me ocorreram particularmente ao ler a descrição das histórias de casos. Em meu trabalho de acompanhamento, vivencio repetidamente esses dois sentimentos, ainda que nem sempre se trate de um doente de *borderline*. Esses dois sentimentos estão, também de outro modo, amplamente disseminados. É frequente que o vazio leve a pessoa a inventar um devaneio maravilhoso qualquer e a se refugiar nele para escapar do cotidiano horrível. A falta de sentido se expressa frequentemente na apatia. Não se tem vontade para nada. Pois nada vale a pena realmente. A pessoa desvaloriza tudo. Ela não consegue se engajar em nada. Logo que surge a primeira dificuldade, ela tem a seguinte sensação: De nada adianta continuar com isso. De qualquer jeito, isso não faz sentido. Eu não posso ajudar as pessoas. O que eu faço é realmente insignificante. Eu me assusto também quando as pessoas respondem à minha pergunta a respeito do que as diverte, do que gostam de fazer ou gostariam de fazer: Nada. É aí que me sinto realmente impotente. Porque isso de modo algum eu consigo imaginar para mim mesmo.

Viktor Frankl se refere a três valores que podem dar sentido à vida: valores vivenciais, valores criativos e valores de atitude. Os clientes com *borderline* geralmente são incapazes de viver realmente o belo. A cliente, da qual Donata relatou, identificou no seu trabalho com pessoas com deficiência um sentido para a sua vida. Ela tinha a sensação de que poderia ajudar os outros. E quando aprendeu isso deixou de girar em torno do próprio vazio. Aí sua vida fez sentido. Em termos bíblicos, nós precisamos de uma missão. Jesus enviou os seus discípulos para o mundo. E nós também somos enviados. No entanto, muitas pessoas não percebem em si uma missão. Elas se apequenam e pensam que em nada poderiam contribuir para o bem das outras pessoas. Ocorre-me aí a história bíblica da pescaria abundante. Pedro volta frustrado sem nada haver pescado. Tudo o que ele procurou fazer deu errado. Jesus o exorta a voltar ao lago e tentar de novo. Aí ele pesca uma quantidade tão grande que as redes ameaçam romper. Mas Pedro não se alegra com a pescaria abundante, ele cai diante de Jesus e diz: "Senhor, afasta-te de mim que sou um pecador" (Lc 5,8). Ele se sente, em comparação com Jesus, uma pessoa que nada tem a demonstrar, que passou ao largo da sua vida. Contudo, Jesus lhe responde: "Não tenhas medo! De agora em diante serás pescador de gente" (Lc 5,10). É precisamente a esse Pedro – que tem a sensação de que nada pode demonstrar e de que fracassou – que Jesus incumbe uma tarefa. É a missão de pescar pessoas. Aquilo que fez até agora, ele deve realizar de uma forma mais profunda.

Qual é a minha missão?

Cada um de nós precisa de uma missão, a fim de que a própria vida tenha sentido. As personalidades *borderline* não se julgam capazes de fazer nada. Ou, por outro lado, sonham com sucessos irrealistas. Elas constroem castelos no ar. Pedro não sonha. Ele se joga no chão porque sente que nada é e nada pode. No entanto, precisamente o reconhecimento da sua nulidade, da sua impotência, da sua mediocridade, torna-o aberto para a missão que Jesus lhe confia. Esta é uma vereda importante para a cura: Pessoas que renunciaram a si mesmas, porque iniciaram várias terapias e as interromperam, precisam de um sentido em sua vida para lidar com essa situação. Esse sentido não consiste em que elas se enredem em ilusões de qualquer tipo. Seu sentido consiste antes em aceitar aquilo que elas vivenciaram e pelo que passaram até o momento não só como experiência própria, mas deixar também que frutifique para os outros.

Hildegard von Bingen diz que devemos transformar os ferimentos em pérolas. Ou, antes, devemos confiar que Deus transforme nossos ferimentos em pérolas. Jesus transforma o revés e o insucesso de Pedro em uma missão. Esse frustrado Pedro torna-se o líder dos discípulos de Jesus. Ele sofrerá repetidamente do seu desequilíbrio. Mas ele ousa, com sua estrutura psíquica, se colocar a serviço de Jesus, servir a alguém Maior. Os afetados pelo *borderline* frequentemente não têm um ponto de apoio. São arrastados de um lado para o outro. Uma missão, uma tarefa, uma incumbência preenche com sentido a desarmonia e o vazio interiores. Aí eles param de vasculhar no caos. E passam a olhar para frente e a ousar algo. Mas é preciso de pessoas como Jesus, que não desistem das personalidades *borderline*, mas transmitem-lhes a esperança de que têm um sentido e podem ser uma bênção para as pessoas. Pedro continua a fazer a mesma coisa, mas numa outra esfera. A personalidade *borderline* tentou até agora frequentemente em vão compensar a desarmonia e o vazio interiores. Contudo, quando ela identifica, a exemplo de Pedro, uma missão na sua doença, consegue ajudar as outras pessoas a encontrar a sua unidade e a renunciar à sua cisão interna.

Assim, defino para as pessoas que não veem sentido na sua vida a tarefa de se perguntarem: Qual é a minha missão? Quando olho para a minha vida, a minha doença, a minha sensibilidade, a minha desarmonia, qual pode ser a minha missão? Não devo escolher para mim tarefas irrealistas, mas me perguntar qual é, precisamente com base nessa experiência com a doença, a minha contribuição para um mundo mais humano. Talvez seja suficiente chamar a atenção do mundo para o fato de que não é algo natural viver nele com saúde, de que a desarmonia do mundo ameaça dilacerar também a alma das pessoas sensíveis. Por isso, precisamente os clientes com *borderline* poderiam dar uma importante contribuição para uma sociedade mais humana. Quando, assim como Pedro, aceito a minha fragilidade, consigo me tornar, em minha fragilidade e necessidade, uma bênção para as pessoas. A minha missão poderia ser lidar bem com a minha doença. A maneira de lidar com a minha doença não diz respeito só a mim, mas é sempre também uma contribuição para o bem-estar dos outros. Eu suporto, em substituição e em solidariedade com os outros, a minha doença. Desse modo, não me sinto um fracassado porque sou confrontado repetidamente com a minha doença e sofro de repetidos colapsos. Antes, vejo aí a minha tarefa de transformar essa doença numa bênção. Quando eu deixo resplandecer a luz da esperança lá onde a doença obscurece a minha vida, então o mundo se torna um pouco mais iluminado também para as pessoas ao meu redor.

Também o vazio pode existir

O outro sentimento que aflige os clientes com *borderline* é a percepção de um vazio interior. O doente nada sente. O vazio interior é insensibilidade. A pessoa não sente a si mesma. Quando os outros conversam sobre os seus sentimentos, de modo algum se sabe sobre o que falam. Quando os clientes com *borderline* escutam atentamente o seu íntimo, têm a sensação de que tudo está vazio. Eu tenho dificuldade em imaginar isso. Algumas vezes conversei com pessoas depressivas, que também diziam não sentir absolutamente nada, não ter nenhum sentimento. Aí procurei fazer com que percebessem esse vazio. Como se sente o vazio? Então alguém contou, por exemplo, que somente olha no vazio, ali não há fundamento, não há sentimento claro. Mas é também uma sensação de falta de sensibilidade, às vezes também de medo de que ali não tenha nada. Esse medo do nada é difícil de suportar. Por isso é que a pessoa busca sentir-se ao ferir a si mesma. Procuro transmitir para essas pessoas o seguinte: "Também o nada pode existir. Também o vazio absoluto pode existir. Mas confia que também esse nada e esse vazio estão envoltos pelos braços misericordiosos de Deus. Tu não cairás no nada. Por baixo do nada, os bons braços de Deus te amparam". Somente quem se permite o nada e quem ousa percebê-lo, não precisa de nenhuma fuga na automutilação. Para ele, o nada pode se transformar em uma ideia de ser amparado por Deus e ser protegido e amado com seu vazio.

Também aqui o que está em jogo é a maneira de lidar com o meu vazio. Posso sofrer com o vazio, porque nada sinto. No entanto, posso ver o vazio também – assim concebem os místicos – como o lugar em que estou aberto para Deus. Aí o vazio evoca a Deus. No monacato há a seguinte imagem espiritual: *vacare deo* = ser vazio para Deus. Ali onde há vazio, onde nada sinto, posso também estar aberto para o mistério inconcebível de Deus, que quer preencher esse vazio. Quando vejo o vazio dessa forma, ele não é mais tão desgastante, imagino nele minha abertura para algo que é maior do que eu mesmo.

11 A confissão de Pedro

Resposta à atitude de culpar os outros

A dificuldade de admitir a própria culpa

Um critério importante para diagnosticar clinicamente um transtorno de personalidade é a forma como alguém está em condições de perceber e interpretar a si mesmo, as outras pessoas e os acontecimentos. A própria percepção dos afetados pelo borderline difere, por vezes, claramente da das outras pessoas. Em termos concretos, isso significa, por exemplo: Muitas pessoas afetadas pelo borderline jogam a culpa por coisas desagradáveis fundamentalmente sobre os outros, afastando-a de si mesmas. Contudo, ao se tornarem cônscias de que elas mesmas são compartícipes de um problema ou de que são culpadas, em muitos casos elas mal conseguem suportar essa situação e assumem um comportamento suicida. Essa dinâmica provoca em muitas famílias, ou seja, em muitas relações de casais, sérios conflitos.

Eu acompanhei o tratamento de uma menina cuja mãe apresentava ativamente um forte sintoma de borderline e que já havia passado várias vezes pelo tratamento estacionário. Durante as conversas com os pais, essa mãe seguidamente fazia interpretações das minhas palavras e olhares que não correspondiam com a realidade e, é claro, levavam a frequentes mal-entendidos. Algo semelhante se passou com os professores de seus filhos, que ela criticava com frequência e para os quais ela geralmente criava muitas dificuldades. O *seu marido, que se comportava de maneira muito infantil e estranha em relação a ela e a todas as outras pessoas, já quis se separar diversas vezes, visto que nunca tinha a sensação de ser entendido. Essa mulher considerava que, na maior parte das vezes, ela estava com a razão. Ela tinha a sua própria visão das coisas. A partir da sua perspectiva, achava que fazia tudo certo. Confrontada com as suas falhas, caía repetidamente em fases depressivas. E não conseguia suportar o fato de ter de admitir erros ou reconhecer que fez algo errado.*

Admissão de culpa, medo e autoconfiança

Todos conhecem a tendência de jogar a culpa preferencialmente nos outros. É difícil admitir erros. As personalidades *borderline* nos colocam um espelho diante dos olhos também com a sua incapacidade de admitir a própria culpa. Preferimos imaginar todas as possíveis mentiras e desculpas para expor a situação de tal forma que uma outra pessoa seja culpada ou a convencer os outros de que não podemos fazer nada. No entanto, de nada adianta dizer àquele que se exime da culpa que ele deveria dizer a verdade. A exortação moralista de dizer a verdade provoca medo em quem incorreu na culpa. Quando falamos a um cliente com *borderline* que ele deve dizer a verdade, porque saberíamos o que realmente sucedeu, ele reagirá indignado e apresentará a situação como se os outros fossem culpados. A exigência de dizer a verdade exerce no culpado uma pressão tão grande que ele tem de se refugiar em mentiras sempre maiores. Benéfica é a prática de olhar para o medo que preocupa aquele que precisa projetar a própria culpa nos outros.

Admitir os próprios erros pressupõe uma grande medida de autoconfiança. Contudo, essa autoconfiança falta à pessoa afetada pelo *borderline*. Quando eu o deixo quase sem saída e lhe comprovo que ele não diz a verdade, mas põe a culpa na conta dos outros, há o perigo de que – como revela a experiência terapêutica – ele assuma um comportamento suicida. Dessa forma, não o ajudo. Pois a pressão de admitir a sua culpa produz nele um medo tal que ele recorre a estratégias completamente irracionais. A maneira de reagir adequadamente à relutância em admitir os erros e a culpa é algo que aprendo com o modo com que Jesus lidou com essas pessoas.

Exemplos bíblicos para lidar com a culpa

Jesus nunca fala diretamente à pessoa sobre a sua culpa. Ele não acusa Zaqueu de, na condição de coletor de impostos, explorar as pessoas e desviar dinheiro. Ele simplesmente olha para ele sem condená-lo. Lucas nos conta que Jesus olhou para cima para Zaqueu (Lc 19,5). O termo grego *anablepo* significa literalmente "olhar para o céu". Jesus vê, portanto, no coletor de impostos, que era considerado um pecador pelos fariseus, o céu. E esse olhar, que vê o céu no outro, transforma Zaqueu. Agora ele não necessita mais ganhar dinheiro para, com isso, compensar a sua própria inferioridade. Agora ele pode dar a metade dos seus bens aos pobres. Jesus convida a si mesmo como hóspede. E Zaqueu o acolhe amavelmente. Aí está, enfim, uma pessoa que não o condena, que não o julga, que não o coage a admitir e assumir a sua culpa. As pessoas – que como os clientes com *borderline* têm de negar toda a culpa porque têm medo da culpabilidade que lhes tira o chão sob os pés – necessitam da experiência de que alguém as aceite incondicionalmente, que não as julgue e condene, mas simplesmente queira comer e beber com elas, queira partilhar a vida com elas.

Semelhante é o encontro de Jesus com Pedro, que o negou três vezes por ocasião da paixão. Depois da ressurreição, Jesus encontra Pedro. Mas Ele não lhe atribui a culpa. Jesus pergunta se ele o ama. Na terceira vez, Pedro fica triste. Ele se recorda de sua tripla traição. E responde a Jesus: "Sim, Senhor, Tu sabes tudo, Tu sabes que eu te amo" (Jo 21,17). Pedro oferece a Jesus a sua mentira e a sua difamação. Ele lhe diz: "Tu sabes tudo, Tu conheces a minha traição, Tu conheces as minhas desculpas. Mas Tu sabes também que, apesar disso, te amo, que, precisamente como pessoa fraca que não consegue se garantir, tenho um grande amor por ti". Jesus não faz acusações, mas lhe diz: "Apascenta as minhas ovelhas!" (Jo 21,17). Embora Jesus saiba tudo, confia-lhe a tarefa de liderar a comunidade dos seus discípulos e dirigir a sua Igreja. Uma história sem acusações, que confronta amavelmente com a própria verdade, pode permitir ao cliente com *borderline* defender a sua verdade. Com isso, ele não perde o seu rosto. Pelo contrário, ele é aceito e reconhecido em sua sinceridade. Até mesmo se confia algo a ele. As histórias oferecem à pessoa um recurso melhor para olhar para a própria verdade do que quando alguém lhe faz um discurso moral ou quer lhe comprovar que é culpada. As histórias derretem os nossos mecanismos de defesa e nos permitem defender a nossa própria verdade. Elas atendem melhor do que as explicações teóricas ao propósito de transformar e curar a pessoa que tem medo da própria culpabilidade e, por isso, sempre a projeta nos outros. As histórias nos oferecem a possibilidade do reencontro conosco mesmos, sem nos culpabilizar. Por isso, eu nunca converso com uma pessoa com *borderline* sobre a sua culpa. Eu simplesmente lhe ofereço uma história para meditar. Ela deve lê-la e, numa próxima ocasião, conversar sobre ela. Confio que a história colocará algo em movimento nela.

12 Encontrar a medida certa

Resposta aos excessos

Oscilar entre os extremos

Repetidamente, os doentes com borderline *chamam a atenção pelo comportamento extremo: oscilam, por exemplo, entre a prática excessiva de esporte e a total inatividade, por algum tempo cuidam extremamente da sua saúde e do seu aspecto exterior ou os negligenciam novamente por completo, vivem em ascese total até o risco de anorexia ou, porém, comem tanto que nesse caso inclusive se pode falar de um distúrbio alimentar.*

Uma paciente com esse transtorno tem repetidas fases de atividade esportiva extrema, às quais se seguem fases de repouso absoluto que vão até a inatividade completa. Há semanas em que, pela manhã, antes de ir à escola, ela corre diariamente dez quilômetros, geralmente sem condicionar aos poucos o seu corpo para a corrida e, em seguida, se aborrece frequentemente durante muitos dias com fortes dores musculares, as quais, no entanto, ela prefere suportar a se ater a uma medida saudável na prática do esporte. Em seguida, há novamente fases em que, durante semanas, ela não sai da cama pela manhã e, de resto, no dia a dia, quase não se movimenta mais do que o necessário. Nas fases em que pratica muito esporte, não bebe uma gota de álcool e presta muita atenção à sua alimentação. Nas fases de repouso, entrega-se aos excessos de consumo de álcool, come chips em demasia e parece ter esquecido todas as dicas de saúde anteriores.

Ela vai de um extremo ao outro, sem zonas intermediárias e sem uma medida de normalidade. Também em relação a sua doença, ela alterna de um extremo ao outro, mostra-se muito esperançosa e confiante de "em breve estar completamente curada" da sua doença, absorve cada palavra que digo como se fosse a última na sua vida, segue cada recomendação quase compulsivamente até o mínimo detalhe, para pouco depois cair novamente no outro extremo: Aí ela considera tudo negativo, tudo parece sem sentido. Ela não aparece para os encontros de terapia combinados, se esquece de tomar os seus medicamentos e, em geral, tampouco procura por outros recursos terapêuticos.

De modo semelhante age a mãe de um paciente, a qual tem borderline: *Num dia, ela põe em prática cada recomendação minha da maneira mais precisa. Nisso, porém, por vezes exagera completamente e quer integrar ao mesmo tempo três novas regras ao cotidiano familiar, porque não se acha capaz de educar o seu filho e se sente uma péssima mãe. Em seguida, fica irritada e ignora novamente todos os conselhos terapêuticos e desperta a impressão de não querer mudar coisa alguma, mostra-se muito satisfeita consigo mesma e considera supérfluo continuar com o tratamento. Quanto à medicação para Tdah, por vezes ela medica o filho com extremo rigor e o estressa com o fato de que a ingestão deve ocorrer de maneira desagradável, invariavelmente no mesmo horário, ainda que ele vá para a escola somente mais tarde. Ou, por outro lado, ela esquece completamente a medicação durante semanas, ou seja, suspende-a por conta própria sem combinar comigo, para, então, algumas semanas mais tarde, perguntar por uma nova prescrição de medicamentos, o que, em sua opinião, tem de suceder imediatamente.*

O meio tem grande dificuldade de compreender esses extremos e uma índole tão desmedida. É claro que, nas conversas com os pais, apresenta-se para mim somente um pequeno recorte da vida familiar cotidiana, em especial aquele que gira em torno do filho. O seu marido relata, além disso, graves problemas conjugais, uma vez que esse comportamento tem por consequência não só dificuldades com os filhos, mas tem efeitos inclusive sobre o matrimônio e a vida sexual: Ou ela se pendura inteiramente no seu marido e quer controlar cada passo dele ou ela agenda quase diariamente encontros com as suas amigas, não demonstra nenhum interesse em noites conjuntas com ele e já foi infiel algumas vezes. Ela não consegue encontrar uma via intermediária e, com isso, frequentemente, torna a vida da sua família muito difícil.

A vereda da moderação

As pessoas com *borderline* são desmedidas. No entanto, com seus excessos, elas seguram um espelho para todos nós. Pois os excessos são hoje uma característica da nossa sociedade. A mídia nos sugere ambições desmedidas na vida. Imagens desmedidas de si mesmo nos são mostradas. E muitas pessoas assumem essas imagens desmedidas de si mesmas, segundo as quais elas têm de ser sempre perfeitas, sempre bem-sucedidas, sempre legais, sempre positivas. No entanto, os excessos deixam a pessoa doente. Daniel Hell entende que as depressões são, muitas vezes, um grito de socorro da alma diante das imagens desmedidas de si mesmo. As pessoas com *borderline* reagem aos seus excessos não para encontrar a medida certa, mas para compensar um excesso com o outro. A inferioridade desmedida é constantemente substituída por uma arrogância desmedida, e a gentileza exagerada, por um excesso de agressividade. Essa compensação de um excesso com o outro não contribui para a cura, mas consolida o excesso e só o fortalece ainda mais.

A cura desses excessos seria aquilo que São Bento designa a mãe de todas as virtudes: A sábia moderação ou discrição. São Bento exige essa virtude principalmente do abade. Pretendo entender e explicar as exigências dirigidas ao abade como passos da cura para as pessoas com *borderline*: O abade "não seja turbulento nem inquieto, não seja excessivo nem obstinado, nem ciumento, nem muito desconfiado, pois nunca terá descanso; seja prudente e refletido nas suas ordens, e seja de Deus ou do século o trabalho que ordenar, faça-o com discernimento e equilíbrio, lembrando-se da discrição de São Jacó, quando diz: 'Se fizer meus rebanhos trabalhar andando demais, morrerão todos num só dia'. Assumindo esse e outros testemunhos da discrição, mãe das virtudes, equilibre tudo de tal modo, que haja o que os fortes desejam e que os fracos não fujam" (RB 64,16-19).

É possível inferir o seguinte para o nosso contexto: Apelos morais não curam. Eles reforçam a consciência pesada. Aqui não se trata de apelos, mas da descrição de uma vereda. E aí é útil encontrar a medida certa. A personalidade *borderline* perdeu a sua medida. Ela é desmedida em sua desvalorização pessoal e na condenação dos outros. São Bento aconselha que uma pessoa desmedida não sobrecarregue a si mesma e que não seja desconfiada em relação a si mesma. Do contrário, ela não encontra sossego. Acompanho repetidamente pessoas que estão em perigo de cair numa psicose. Aí meu conselho mais importante é sempre: "Modere-se!" Uma forma de moderação é estabelecer uma boa relação com o próprio corpo e com a terra. Andar pela natureza e alegrar-se com ela, fazer trabalhos de jardinagem, sujar as mãos ao cavar e arrancar ervas daninhas – isso é saudável para uma pessoa que perdeu a sua medida e ao mesmo tempo a sua ligação à terra. Ao trabalhar com as mãos, ela evita os seus excessos, que, na verdade, iniciam muitas vezes na cabeça por causa das fantasias desmedidas sobre o que tudo poderia fazer.

O centro entre os extremos

Toda pessoa conhece os opostos de turbulento e medroso, de desmedido e limitado. Porém, no caso das personalidades *border-line*, esses opostos apresentam uma grande discrepância. Elas não encontram o centro entre esses opostos. A medida certa, a que São Bento se refere, permite que eu veja e aceite em mim todos os sentimentos e reações opostos. Contudo, é minha tarefa encontrar o centro entre os extremos. A pessoa com *borderline* oscila entre diminuir-a-si-mesma e elevar-se-sobre-todos, entre ser "totalmente encolhido e, em seguida, porém, novamente arrogante e grandiloquente" (RAUCHFLEISCH, 2015: 7). Ela percebe em si os pontos fracos, mas também os pontos fortes. Mas não consegue reunir os dois aspectos. São Bento aconselha-a a moderar e organizar tudo em si de modo que o forte cresça nela e o fraco não fuja dela. A arte da humanização consiste em desafiar os pontos fortes e não reprimir o que é fraco. Pois também o fraco tem seu direito em mim. Quando aceito as minhas fraquezas, muitas vezes elas se tornam pontos fortes. E os pontos fortes podem também se tornar fraquezas. Porque quem sempre é forte, frequentemente é menos sensível para com os outros. Ambos os aspectos fazem parte da pessoa. É a vereda da humildade: aceitar em si os dois aspectos. A pessoa com *borderline* vê somente um aspecto em si. E assim ou ela é obcecada pelas fraquezas e se torna cortesa, ajustada e solícita. Ou, porém, é arrebatada pelos seus pontos fortes e se torna desmedida em sua arrogância e em sua agressividade. Nesse caso, ela diminui os outros. Ela nega o que é pequeno em si para diminuir os outros. Tudo o que não consegue aceitar em si ela transforma em acusação contra quem arranhou a autoconsciência que ostenta.

Escola da fraqueza

Parece que também São Paulo teve essa propensão para a divisão entre pontos fortes e pontos fracos. Ele fez mais do que todos os outros apóstolos. No entanto, quando os coríntios o acusaram de que, embora em suas cartas demonstrasse autoconfiança, o seu aspecto e o seu discurso seriam, na verdade, fracos, aí ele reagiu com bastante rispidez: "Peço-vos que, quando estiver presente, não me veja obrigado a usar de minha autoridade, que pretendo realmente usar com certas pessoas que nos imaginam agindo por motivos humanos" (2Cor 10,2). Contudo, o próprio Paulo frequenta a escola da fraqueza. Ele mesmo sofre sob o espinho de satanás, seja lá que isso signifique. Pelo visto, é uma doença que o humilhava externamente. Em todo caso, era uma fraqueza da qual ele sofria. Ele queria se ver livre dessa fraqueza e pediu a Cristo, repetidamente, que o libertasse dela. Pelo visto, ele sempre quis parecer forte diante dos coríntios. No entanto, Jesus lhe diz: "Basta-te a minha graça, porque é na fraqueza que a força chega à perfeição" (2Cor 12,9). Paulo internaliza essas palavras de Jesus. Agora ele não precisa mais reprimir e esconder a sua fraqueza. Ele pode até se gabar dela. E ele experimentou: "Pois quando me sinto fraco, então é que sou forte" (2Cor 12,10). Nós não conseguimos reproduzir a experiência de Paulo. Contudo, a sua experiência pode nos conduzir à própria ideia interior de que também as nossas fraquezas podem existir e de que elas se transformam em pontos fortes quando as aceitamos. É um longo caminho aceitar-se na própria fraqueza. Preferimos reprimir o ponto fraco e projetá-lo nos outros. Mas as palavras de São Paulo nos tornam cientes desse mecanismo e nos convidam a trilhar outra vereda, uma vereda que, em longo prazo, cura a divisão interna entre pontos fortes e pontos fracos.

A Parábola do Banquete

Os excessos do cliente com *borderline* têm a sua causa na incapacidade de ligar os dois polos um ao outro. Ou sou totalmente bom e bem-sucedido. Tenho tudo sob controle. Sei tudo. Não preciso de terapeutas. Ou sou totalmente ruim. Sou uma péssima mãe. Sou um péssimo cônjuge. Ou seja, ele não consegue ligar esses dois aspectos um ao outro. Uma história bíblica que gira em torno da ligação desses polos é, na minha opinião, a Parábola do Banquete, contada por Jesus. Um homem convida primeiramente as pessoas bem-sucedidas para um banquete. Contudo, todas elas apresentam desculpas. Elas têm coisas mais importantes para fazer. Aí o senhor envia seu escravo mais uma vez: "Sai depressa pelas praças e ruas da cidade e traze aqui os pobres, aleijados, cegos e coxos" (Lc 14,21). O banquete é uma imagem da totalização da pessoa. Da nossa totalização faz parte que convidemos precisamente o fraco em nós – o pobre, o atrofiado, o não tão belo, o cego e o aleijado, o medroso e o bloqueado. Somente nos tornamos pessoas inteiras quando convidamos para o banquete também esses aspectos frágeis e desagradáveis em nós. E, em seguida, o servo deve andar pelas estradas fora da cidade e convidar todas as pessoas que encontrar. As pessoas afetadas pelo *borderline* têm a impressão de que muitas coisas nelas estão fora do habitual. Estão fora da cidade. São, por assim dizer, partes da personalidade cindidas. Também elas devem ser convidadas. Também elas devem tomar parte do banquete. Elas fazem parte da totalidade da pessoa. São integradas à personalidade no banquete da totalização. A parábola pode dar aos clientes com *borderline* a permissão de admitir também o ponto fraco, de abandonar a pretensão de sempre ter tudo sob controle. Somente quando permitem também as suas fraquezas, conseguem desfrutar dos seus pontos fortes, somente quando aceitam tudo aquilo que percebem nelas como caótico, conseguem celebrar o banquete da sua totalização.

13 A relação com o mistério

Resposta às relações instáveis

O desequilíbrio entre a proximidade e a distância

Quando os pacientes com borderline *contam sobre os seus relacionamentos, com grande frequência fica evidente que eles amam intensamente e odeiam intensamente, que podem nutrir repetidamente esses sentimentos extremos pela mesma pessoa e atravessar essas constantes montanhas-russas emocionais num período bem curto. Para o observador externo, às vezes isso é difícil de compreender, ainda que se possa perceber o desespero tanto das pessoas afetadas como dos respectivos parceiros.*

Uma mulher com borderline *vinha aos nossos encontros regularmente na companhia de um novo parceiro, o qual ela geralmente apresentava como "o seu grande amor". Muitos diferentes parceiros estiveram sentados na sala de espera. Quando o relacionamento terminava abruptamente, como ocorria com frequência, ela logo dizia que para ela isso já estava claro e que a relação de qualquer forma já fora desgastante desde o primeiro momento. As pessoas com* borderline, *por um lado, precisam de proximidade e, por outro lado, é exatamente isso que lhes causa medo. A regulação saudável entre proximidade e distância lhes causa problemas. Por um lado, existe nelas um grande receio de serem abandonadas, mas simultaneamen-*

te a percepção de segurança provoca intensos sentimentos de medo, que elas buscam evitar.

Uma paciente controlava constantemente o seu namorado, queria saber o tempo todo onde ele estava e com quem ele se encontrava, e ela se esforçava para exercer um controle total sobre ele. Assim que ele não estava próximo dela, ela o bombardeava com ligações e mensagens; inclusive durante as nossas conversas, ela gostaria de ter o celular ao seu alcance. Ao mesmo tempo, ela se sentia horrível com a proximidade tanto no nível emocional como corporal. Assim que ele se aproximava dela, queria passar o tempo com ela e conhecer mais sobre seu íntimo, ela ficava furiosa, agressiva e distante. Quando, porém, ele não estava com ela, ela logo sentia falta dele, desejava que ele viesse e ficasse com ela. Frequentes separações e, em seguida, reaproximações davam o tom da sua vida afetiva.

Para os parceiros, isso é difícil de tolerar. Nunca se consegue estar seguro de que aquilo que se faz no momento é o correto. Simultaneamente, a pessoa com borderline sofre muito porque não consegue tolerar a proximidade nem suportar o fato de ser abandonada. Também é difícil numa parceria quando algo é percebido de forma completamente diferente do intencionado e as colocações são interpretadas de maneira totalmente diferente e o outro não consegue ser avaliado corretamente. Ao passo que, no início, o grande interesse e as intensas declarações de amor ainda causam atração, depois de algum tempo um grande desgaste já fica evidente quando as pessoas com borderline querem ter seus parceiros permanentemente sob controle, enquanto que elas mesmas reagem com frieza e distância às tentativas de aproximação.

Relações turbulentas, breves, mas intensas são típicas dos doentes com borderline e podem, por vezes, provocar o caos interpessoal, em especial quando dos relacionamentos resultam filhos que, por sua vez, são envolvidos nos dramas afetivos e, assim, não raras vezes, são instrumentalizados.

Um exemplo a partir da prática: No tratamento ambulatorial de uma criança, ficaram evidentes os sintomas de borderline *da sua mãe. Problemáticas nessa mulher eram principalmente – além da tendência à automutilação, porque ela quase teria perdido a guarda de seu filho – as suas frequentes mudanças de relacionamentos. O seu filho já teve tantos padrastos que de modo algum conseguia acreditar que um homem ficaria mais do que alguns meses com sua mãe. Ela estava constantemente à procura de novos parceiros e esperava de cada um que este homem fosse satisfazer todas as suas expectativas. Não lhe era possível viver alguns meses sem um parceiro. Ela se sentia interiormente vazia e solitária sem alguém. Quando, porém, tinha novamente um relacionamento, esse parceiro dificilmente conseguia satisfazê-la. Geralmente, ela se sentia pouco amada e pouco valorizada, ainda que, externamente, ninguém conseguisse imaginar isso e que ela já houvesse se separado de parceiros amáveis e sensíveis.*

Anseio pela proximidade, medo da proximidade

Quando leio a história acima descrita, lembro muitas conversas de aconselhamento espiritual. A ambivalência entre o anseio por proximidade e a incapacidade de permitir e aceitar a proximidade verifica-se não só no caso das pessoas com *borderline*. Muitas pessoas sentem esse paradoxo interior. Elas não conseguem ficar sozinhas. Precisam de um parceiro para não se sentiram sozinhas. Mas logo que o parceiro quiser proximidade, elas recuam. A proximidade lhes causa medo. É que aí elas teriam de se revelar na sua verdade. Porque quanto mais nos aproximamos do outro, tanto menos podemos nos esconder atrás de uma fachada. E o medo da proximidade do outro sempre é também um medo do estranho. Aí um estranho se aproxima demasiadamente de mim. Ele me lembra do estranho em mim, que prefiro não olhar, porque me causa medo. Por vezes, as pessoas com *borderline* são mulheres belas que atraem os homens. Os homens percebem aparentemente a carência dessas mulheres. Mas logo que o homem se aproxima da mulher, ela recua. Isso confunde o homem. As mulheres afetadas pelo *borderline* anseiam por uma relação com um homem. Contudo, ao mesmo tempo, elas têm em si uma tendência que proíbe e destrói a relação. Elas oscilam entre a esperança na relação e a proibição da relação.

Muitas vezes, essa ambivalência está relacionada com relações ambíguas na infância. Pode ser benéfico olhar para essas relações ambíguas juntamente com o conselheiro espiritual. O ato de contar a respeito dessa ambiguidade afetiva faz bem às pessoas com *borderline*. Contudo, mais importante do que indagar pelas causas, é reconhecer o significado atual dessa ambivalência para com os parceiros e amigos e as expectativas que essas pessoas têm da relação. Com frequência, são expectativas extremamente elevadas dirigidas tanto para os parceiros como para si mesmas. Elas têm medo de que elas mesmas não satisfaçam as expectativas. Temem que o parceiro consiga descobrir as suas fraquezas, que gostariam tanto de esconder atrás da sua fachada assertiva. E elas têm expectativas muito exageradas em relação aos parceiros. Quando os parceiros não satisfazem essas expectativas, elas ficam decepcionadas. Assim, oscilam constantemente entre o desejo de encontrar um parceiro e o medo da sua proximidade. É, em última análise, também o medo de si mesmo, o medo da própria desarmonia e das próprias fraquezas.

O anseio afetivo não satisfeito

Para as pessoas que são cunhadas por essas experiências e que sofrem com essa situação, gosto de oferecer para meditação a história do encontro de Jesus com a samaritana. Jesus conversa animadamente com a mulher estrangeira de Samaria. Ele lhe pede água para beber. De repente, eles falam de uma outra água, que mata a sede de amor. E o próprio Jesus promete à mulher dar-lhe dessa água. Ao bebê-la, nunca mais terá sede. A mulher está entusiasmada: "Senhor, dá-me dessa água para que eu não sinta mais sede nem precise vir aqui buscar água" (Jo 4,15). Diante desse pedido, Jesus diz subitamente para a mulher: "Vai chamar teu marido e volta aqui. A mulher respondeu: Eu não tenho marido. Jesus disse: Respondeste bem: não tenho marido. De fato, tiveste cinco e aquele que agora tens não é teu marido; nisto disseste a verdade" (Jo 4,16-18). Pelo visto, a mulher, em sua sede de amor, apegou-se repetidamente a homens. Mas nenhum homem satisfez efetivamente o seu anseio de amor. Ela esperou demais dos outros. Ao não descobrir a fonte do amor em si mesma, teve repetidas decepções em seu anseio de ser inteiramente amada por um homem. Eugen Drewermann descreve o dilema dessa mulher da seguinte maneira: "Para essa mulher, esta é uma conclusão decisiva: Há uma exigência excessiva do humano. É possível se agarrar a outra pessoa, assim como um náufrago a uma prancha, a qual, no entanto, é muito estreita e fina para sustentá-lo sobre a água" (DREWERMANN, 2003: 198). Drewermann pergunta como essa mulher – a exemplo de uma personalidade *borderline* em seu anseio de amor – pode ser curada: "Como uma pessoa encontra o chão debaixo dos seus pés? Como ela encontra sossego e apoio em todas as suas buscas no abismo? Como alguém consegue apoiar e proteger uma pessoa, quando todas estão igualmente desamparadas e desassistidas?" (DREWERMANN, 2003).

João parece ver na adoração a cura desse anseio, jamais satisfeito, de um amor que nos sacie para sempre. A mulher fala, por experiência própria, da adoração dos samaritanos no Monte Garizim e dos judeus em Jerusalém. Jesus responde a essa questão: "Mas vem a hora, e já chegou, em que os verdadeiros adoradores hão de adorar o pai em espírito e verdade" (Jo 4,23). Na adoração, prostro-me diante de Deus. Aí esqueço a minha sede de amor. Aí alcancei o objetivo do meu anseio. Aí sou tocado tão profundamente em meu coração que simplesmente tenho de me prostrar. Georges

Bernanos disse um dia: "É uma enorme graça conseguir se aceitar, mas é a graça de todas as graças conseguir esquecer a si mesmo". Aí pode residir também a cura de uma pessoa com *borderline*. Ela é tocada de tal forma pelo mistério do amor, que está disponível como fundamento por detrás de todas as nossas experiências amorosas, que se esquece das suas experiências de carência. Ela se esquece da carência que a faz alternar de um parceiro para o outro. É tocada pelo mistério. E isso possibilita que, agora, esteja em casa consigo mesma. Porque a vivência de um lar só tem quem é tocado pelo mistério. A personalidade *borderline* é inquieta. Ela busca sempre em outros homens e mulheres preencher o próprio vazio, do qual ela tem um medo do pânico. No entanto, nunca consegue preenchê-lo com as pessoas. Ela precisa olhar para além de si mesma, para o mistério que a toca. Não deve desvalorizar as suas experiências afetivas, mas perguntar pelo seu anseio mais profundo. E o anseio mais profundo é: sou tão amada que esqueço as minhas dúvidas e os meus medos. Mas esse amor nós nunca vivenciamos consumado numa pessoa. Aí as dúvidas da nossa doença anímica irão se manifestar repetidamente. A desarmonia em nosso amor somente será curada quando, no fundo da nossa alma, descobrimos a fonte do amor, que é divina. Em nós há uma fonte divina do amor. João diz o seguinte a respeito dessa fonte divina: "Deus é amor. E quem permanece no amor permanece em Deus, e Deus nele" (1Jo 4,16). Nessa fonte, temos parte no próprio Deus. Deus é essencialmente amor. E em todo amor humano, ainda que seja tão frágil, vivenciamos algo desse amor divino, que satisfaz o nosso anseio mais profundo de amor. Precisamente a insatisfação do nosso anseio de amor nos remete para a fonte interna do amor, que nunca se esgota.

O Evangelho de João nos dá mais uma resposta ao anseio não satisfeito de amor, personificado na samaritana. João ama a justaposição de seis e sete. A samaritana teve seis maridos. Mas nenhum é realmente o seu marido. Jesus é, por assim dizer, o sétimo marido, que satisfaz o seu anseio mais profundo de amor. Contudo, Ele não a satisfaz puramente no plano humano. Ele não é simplesmente o sétimo marido da mulher. É, antes, o homem que tem um coração, é o homem cujo coração se abre na cruz para todas as pessoas que anseiam o amor. Um soldado traspassou-lhe o lado "e logo saiu sangue e água" (Jo 19,34). Deus é amor – isso continua não sendo, para João, um enunciado filosófico. O amor de Deus é palpável no coração do seu Filho, que se abre para nós na cruz e de cujo coração aberto flui o amor para todas as pessoas. O amor flui para nós como a água, que sacia a nossa sede de amor. E ele flui para nós como sangue. Jesus dá o seu sangue por nós. Em seu amor por nós, Ele foi ferido. Ele oferece o seu íntimo por nós. E a esse amor – assim diz João – devemos acolher em nós em cada celebração eucarística, para saciar o nosso anseio mais profundo de amor.

Uma pessoa com *borderline* não é curada, unicamente pelo texto bíblico, da sua desarmonia interior. Ela cairá repetidamente na tentação de evadir-se da sua ambivalência para a grandiosidade. Ela irá se comportar diante dos outros como alguém particularmente atraente e interessante. Contudo, em algum momento, desfaz-se a sua encenação, que na realidade é uma fuga. O outro se aproxima demasiadamente dela. E aí toda a grandiosidade não serve mais de nada. Quando essa pessoa, que é arrastada de um lado para o outro entre o seu anseio pela proximidade e o seu medo dela, se envolve com a história de Jesus e a samaritana, pode surgir pelo menos a ideia de que há uma alternativa ao permanente ir-e--vir. Ela se entrega a sua carência e ao mesmo tempo ao seu medo da proximidade. E espera encontrar uma pessoa que, a exemplo de Jesus, a conduza para além dessa ambivalência para uma ideia de proximidade que não mais cause medo. Pode ser a proximidade de uma pessoa que, como Jesus, percebe tudo sem condenar. Pode ser também a proximidade de Deus, que nos possibilita uma aproximação de nós mesmos. Contudo, não é a outra pessoa ou

Deus que irão nos curar; mas, assim como a samaritana, nós mesmos temos de fazer alguma coisa. Precisamos dirigir o nosso olhar para nós mesmos e olhar no fundo de nossa alma. Ali descobrimos a fonte do amor que está em nós. É preciso entender que o amor de uma pessoa nunca pode ser absoluto e nem é capaz de satisfazer plenamente o nosso anseio. Mas ele pode nos colocar em contato com a fonte do amor que está em nós. Esse amor que reside no fundo da nossa alma transforma tudo aquilo de que temos medo em nós mesmos e que preferimos ocultar dos outros. Assim, podemos revelar tudo para os outros, sem temer a sua proximidade.

14 Encontrar a confiança

Resposta ao medo

Quando é tirado o chão debaixo dos pés

Os sentimentos de medo e de pânico são, muitas vezes, efeitos colaterais de uma doença borderline e limitam muito os doentes em seu cotidiano. Rauchfleisch descreve o medo que as pessoas com borderline sentem como "um medo fundamental, que possui a qualidade de um medo destrutivo. Nas situações em que sentem esse medo francamente existencial, essas pessoas têm a impressão de que, por assim dizer, lhes é tirado o chão debaixo dos pés e elas caem no nada" (RAUCHFLEISCH, 2015: 81).

Uma jovem paciente com o transtorno tinha recorrentes ataques de pânico a cada período diurno e noturno, que muitas vezes ocorriam de modo completamente inesperado para ela. Por algum tempo, ajudaram-lhe provisoriamente, nas fases mais difíceis, medicamentos ansiolíticos e sedativos, mas é claro que eles não curavam o medo fundamentalmente. Ela tinha de tentar, por um lado, tratar desse medo de forma psicoterapêutica e, por outro lado, aceitá-lo como parte atual de sua doença e não se punir por causa de cada ataque de pânico com sentimentos de culpa e automutilação. Com o tempo ela avançou um passo ao encarar o seu medo com humor e não o avaliar somente como algo negativo. Ela o considera parte da sua vida, que sempre aparece de novo e então "simplesmente está aí"; afinal, ela *conhece o medo desde os tempos do jardim de infância. Desde então, ela modifica o medo gradativamente; ele na verdade não desapareceu completamente, mas está suportável a ponto de ela poder se dedicar a sua vida profissional e ao seu cotidiano.*

Outra paciente era igualmente atormentada pelos seguidos estados de medo e de pânico. Às vezes, ela quase não conseguia andar de trem ou entrar em locais estreitos. Ela adotou estratégias preventivas e ficou fortemente limitada em sua vida cotidiana. No início, estava muita abatida e temia nunca mais poder levar uma vida aceitável, o medo se estendeu para todas as outras esferas da vida e ela se retraiu cada vez mais. Foi benéfico para ela, além de uma medicação adequada, em especial uma psicoterapia que fomentou a aceitação inicial da sua condição atual. Ela estava muito motivada para mudar a sua vida e seguia diligentemente os conselhos do seu psicoterapeuta. Entrementes, ela consegue novamente embarcar em trens e não se desvalorizar e se envergonhar pelos seus ataques de pânico, que volta e meia surgem principalmente quando está em meio a multidões compactas.

Passos para lidar espiritualmente com o medo

Quando o medo é tão intenso que controla completamente a pessoa e ela nada mais tem a que se apegar, os medicamentos podem ajudar a diminuir o medo. No entanto, os medicamentos não devem ser a única possibilidade de reagir ao medo. Há métodos terapêutico-comportamentais que podem auxiliar as pessoas atingidas pelos ataques de medo a superá-lo. E há também auxílios espirituais para lidar com o medo. Espiritualidade não significa, porém, colar um curativo religioso sobre o medo. Os métodos espirituais se assemelham bastante aos métodos terapêuticos.

Um aspecto relevante da espiritualidade é o autoconhecimento sincero. Nele eu não me avalio, mas percebo o que está em mim.

Isso se aplica também ao medo. O primeiro passo é, por isso, olhar para o medo, sem avaliá-lo. Ele simplesmente está aí. Pode-se indagar pelas suas causas na infância. Mas o conhecimento das causas tampouco elimina o medo. Trata-se simplesmente de admiti-lo. Isso requer sinceridade e, ao mesmo tempo, humildade. O segundo passo é a permissão: O medo pode existir. Eu não me condeno por causa dele. Não me considero um fracassado porque tenho medo. Ele pode existir. Ele tem um sentido. E o terceiro passo é, então, lidar corretamente com o medo. Pergunto o que o medo pretende me dizer. Às vezes, o medo me revela que tenho uma imagem equivocada de mim mesmo, por exemplo, a imagem de que tenho tudo sob controle ou de que sempre tenho de ser perfeito. O quarto passo é, então, permitir-me aquilo de que tenho medo. Como seria se as pessoas das quais tenho medo realmente soubessem o que se passa em mim, que problemas eu tenho? Seria realmente tão grave? Quando eu mesmo me aceito, não importa tanto o que os outros pensam. O medo sempre é também um convite para aceitar a mim mesmo com as minhas fraquezas e as minhas inseguranças. Quando permito as minhas fraquezas, tampouco tenho medo de que os outros possam descobri-las. O quinto passo consiste em oferecer a Deus o medo que não consigo explicar para mim, que simplesmente está aí. Imagino, então, que o Espírito Santo de Deus flui neste momento para dentro do meu medo. E imagino que o Espírito Santo cura e transforma o meu medo, que Ele me fortalece no meu medo, de modo que o medo não consiga mais me dominar.

Os monges recomendavam como recurso terapêutico para o medo proferir uma palavra bíblica para dentro do medo. Quando o medo surge em mim, posso rezar o versículo do Sl 118: "O Senhor está a meu favor, nada temo. Que mal poderá alguém me fazer?" (Sl 118,6). Não se trata de expulsar o medo com esse versículo, mas de proferi-lo para dentro do meu medo. Aí a palavra bíblica me coloca em contato com a confiança, que está também no fundo da minha alma. Cada um de nós tem, ao mesmo tempo, medo e confiança em si mesmo. Quando o medo nos inunda, perdemos de vista a confiança, que sempre existe no fundo da nossa alma. O versículo bíblico fortalece essa confiança para que penetre também na consciência. Consigo relativizar o medo.

No entanto, disso faz parte também a humildade de admitir que, às vezes, um caminho espiritual não é suficiente e que tenho de recorrer a um antidepressivo, que atenua o medo. Esses medicamentos que atenuam o medo podem ajudar principalmente em situações em que o medo, por assim dizer, inunda a pessoa a ponto de ela não conseguir enfrentá-lo de modo algum. No entanto, a pessoa precisa enfrentar o medo em todo caso também em conversas com o terapeuta ou conselheiro espiritual e buscar maneiras de lidar melhor com ele. Um passo que auxilia é imaginar o seguinte: O medo pode existir. Eu olho para ele. Mas, apesar disso, sigo o meu caminho. E posso admitir: Se o medo realmente se tornar cada vez mais intenso, ainda tenho a opção de recorrer aos medicamentos. Eu não preciso ter o medo sob controle. Sempre tenho algo comigo que pode tirar o meu medo. Mas antes de recorrer ao medicamento, devo me apegar a algo diferente. Pode ser o anjo que tenho em meu bolso. Ou pode ser o versículo bíblico que me acompanha e me coloca em contato com a confiança que existe em mim.

Buscar o refúgio interior

Os clientes *borderline* descrevem a sua experiência do medo, por vezes, na figura de que lhes é tirado o chão debaixo dos pés e eles caem no nada. Quando alguém descreve o seu medo dessa maneira, confirmo a sua experiência: "Tens a sensação de não ter um chão debaixo dos pés". Contudo, em seguida pergunto também pelas experiências de proteção e segurança. Há lugares em que te sentes seguro e protegido? Ou há pessoas junto às quais não tens medo, mas te sentes protegido? O que essas pessoas irradiam que transmite para ti a sensação de segurança?" Não há pessoas que somente têm medo. Não devo dissuadir a pessoa com *borderline* do seu medo. Ele realmente existe. No entanto, eu posso aproximá--la cautelosamente das experiências em que ela se sente protegida e segura. Em seguida, ela deve se recordar dessas experiências e meditar nelas. Então, algo dessa segurança pode fluir para dentro também do medo atual.

Na terapia de trauma, faz-se referência ao refúgio em que a pessoa se sente protegida e segura. Temos em nós esse refúgio. É o espaço interior da quietude, ao qual o medo não tem acesso. Uma vereda saudável é andar através do medo até esse refúgio interior no fundo da alma. Não é uma fuga do medo, mas um refúgio que nos faz bem. Evidentemente, a pessoa tem a necessidade primordial de encontrar esse refúgio. A terapia se refere a esses refúgios. Também a espiritualidade conhece o refúgio como vereda espiritual. No budismo, fala-se de três grandes refúgios: Buda, a lei e a comunidade. Nos salmos, Deus é descrito, muitas vezes, como um refúgio. Os antigos monges aconselham a pessoa ameaçada por demônios, temores e limitações a se refugiar na oração. A oração é como uma árvore em que se pode subir para encontrar proteção diante dos perigos. No século XVII, um século de grande medo – a época da Guerra dos Trinta Anos e de muitas epidemias de peste –, surgiu a "Prece dos sete refúgios". Justamente nos períodos de grande medo, as pessoas precisam de refúgios interiores que as protejam das aflições externas e internas que as atemorizam. Os sete refúgios eram: o Deus trino, Cristo na cruz, Cristo na Eucaristia, Maria, o anjo, alguns santos (em especial, José, Bárbara e Sebastião) e falecidos conhecidos, de cujas raízes vivemos e dos quais agora se espera apoio lá do céu. Sempre que a pessoa sentia medo, se dirigia a um dos sete refúgios e experimentava a proteção na sua aflição. Esse tipo de prece atualmente quase não é mais possível para nós. No entanto, escolher algo que concede refúgio para a pessoa pode ser também hoje uma vereda salutar. Esse refúgio pode ser o espaço interior da quietude. Pode ser também a prece ou a Eucaristia ou o anjo que está comigo.

Palavras que transformam o medo

Palavras não expulsam o medo. Mas quando nós introduzimos uma palavra de Jesus no medo, o medo pode ser transformado. Uma palavra com semelhante força transformadora é, no meu ponto de vista, a que Jesus disse aos seus assustados discípulos pouco antes de sua morte: "Disse-vos estas coisas para que tenhais paz em mim. No mundo tereis medo. Mas tende coragem! Eu venci o mundo" (Jo 16,33). O termo grego traduzido por medo, *thlipsis*, pode significar também "aflição, opressão, tribulação, ansiedade". Jesus profere essas palavras antes de Ele mesmo morrer uma morte ignominiosa na cruz. No entanto, as palavras que Jesus diz subsistem à morte.

Ao meditarmos, encontramos paz nas suas palavras. Aí os diversos humores entram em harmonia e no nosso íntimo. O termo grego para "paz" *eirene* deriva de harmonia e significa que tudo em nós está em consonância: o caótico e o ordenado, o barulhento e o silencioso, o grave e o agudo, o claro e o escuro. Permitir essa consonância é uma vereda para superar o medo. A segunda vereda consiste na expressão: "Eu venci o mundo". Em sua morte na cruz, Jesus ingressou na mais extrema privação e escuridão deste mundo e as venceu pelo seu amor. Quando coloco a sua palavra no meu medo, admito que o mundo me dá medo, que não encontro um ponto de apoio no mundo, que me é tirado o chão debaixo dos pés. Mas em mim há também algo que superou o mundo. Em mim Cristo é uma imagem para o verdadeiro, para o si-mesmo espiritual, que não está contaminado pelo medo. É um ponto de paz no fundo da minha alma, ao qual o medo não tem acesso.

15 A pessoa excêntrica

Aceitar os abismos

O medo da falta de chão sob a superfície

Há pessoas com borderline *que externamente parecem bastante firmes, que ostentam uma agenda cheia e transmitem ao seu meio a sensação de que ele é pequeno e insignificante. Simultaneamente, porém, elas não conseguem construir no seu ambiente social uma estabilidade de amizades e relações. Elas se refugiam, antes, numa intensa vida de festas e frequentam constantemente eventos somente para não terem de estar sozinhas consigo mesmas. Ao mesmo tempo, a proximidade com outras pessoas é desagradável para elas e lhes provoca medo, de modo que rapidamente precisam terminar novamente as relações. Elas preferem viver uma vida com muitas relações superficiais.*

Um exemplo típico disso é a mãe com borderline *de uma paciente. Ela levava, à primeira vista, uma vida muito bem-sucedida, exercia uma profissão bem remunerada, vestia roupas de grife e levava uma vida matrimonial presumivelmente sólida. Sempre foi difícil combinar com ela um encontro ambulatorial, dado que ela invariavelmente parecia ocupada. Quando não estava envolvida em atividades profissionais, tomava parte de inúmeros eventos beneficentes, fazia trabalhos voluntários ou frequentava cursos acadêmicos. Na época das férias, eram agendados vários passeios, sempre só em locais muito seletos e exclusivos e apenas nos melhores hotéis. Era-lhe sempre muito importante contar isso e não esquecer de nenhum detalhe supostamente relevante. Durante o tratamento da sua filha, porém, a instabilidade da sua própria vida íntima ficou cada vez mais evidente. Ela tinha fortes sentimentos de inferioridade e temores de que se iria investigar a sua infância e a sua juventude e identificar a sua família de origem, que pertencia a uma camada social baixa e era muito mais pobre do que o círculo de amigos com o qual estava envolvida agora. Ela subiu na escala social a pedido de seu pai dominador, ao qual queria agradar desde a infância, fez uma conclusão do ensino médio num nível elevado e um curso acadêmico tornando-se advogada. Ela era muito ambiciosa e diligente; contudo, a profissão nunca lhe proporcionou alegria, e tampouco via algum sentido no que fazia. Diante do medo de ser atropelada pela sua vida interior e do medo de que, de outro modo, se pudesse abrir um abismo interior, ela aceita diversas atividades, ainda que sempre estivesse apressada e estressada. No entanto, aquilo que poderia surgir nela, era-lhe demasiadamente desagradável e amedrontador. Ela contou também a respeito das duas tentativas terapêuticas anteriores após crises emocionais nos últimos anos, ambas as quais, contudo, ela havia interrompido, uma vez que não conseguia ver nenhum resultado, ou seja, nenhum progresso imediato.*

Imagens espirituais úteis: a rocha

A mulher de que aqui se conta me recorda uma cliente com *borderline*, relatada por Udo Rauchfleisch em seu livro: *designer* de interiores, muito bem-sucedida na profissão e detentora de um grande carisma: "Uma de suas características mais notáveis é que onde quer que ela apareça imediatamente todos os olhares se dirigem para ela" (RAUCHFLEISCH, 2015: 128). Essa mulher é muito diligente. Externamente, parece autoconsciente. No entanto, de tempos em tempos, ela tem colapsos violentos, principalmente quando está sozinha durante o fim de semana. Aí ela sente um vazio insuportável: "É como um profundo buraco negro no qual eu caio. Sem fundo. Ele age como um turbilhão sobre mim, que quer me engolfar" (RAUCHFLEISCH, 2015: 130). Assim a mulher descreve a sua experiência. Muitas vezes, ela entorpece essa sensação com álcool. Os excessos de consumo de álcool se tornam cada vez maiores, de modo que não consegue mais esconder os seus colapsos do público. Diante disso, ela está disposta a realizar uma terapia.

Essa mulher bem-sucedida, da qual Rauchfleisch relata, tentou evitar os momentos de quietude e de solidão. Por isso, encheu-se de trabalho. No entanto, quando estava sozinha no fim de semana, sobrevinha-lhe um vazio desolador e o medo do abismo sem fundo. De modo semelhante, a mãe – que Donata acompanhou na terapia – tinha medo da solidão e da quietude. Quando subitamente nada acontece, abre-se um abismo interior. Dele ela prefere fugir. A questão é como ajudar a pessoa que externamente muitas vezes apresenta grandes realizações, mas internamente é instável e infeliz, e é atormentada por frequentes colapsos. É natural que também aqui seja necessária uma terapia profissional. No entanto, à terapia podem-se acrescentar imagens espirituais que tenham um efeito salutar sobre o sentimento de ser arrastado para dentro de um abismo sem fundo.

A imagem do abismo sem fundo é conhecida pelas pessoas saudáveis nos seus sonhos. Com frequência, sonhamos que estamos caindo. E acordamos enquanto caímos. Não sabemos o que existe lá embaixo. O abismo geralmente é obscuro. Esses sonhos nos indicam que o fundamento sobre o qual estamos não nos dá suporte. Precisamos de um novo fundamento sobre o qual podemos permanecer firmemente. Duas imagens bíblicas podem ajudar diante desse medo do abismo. A primeira é a imagem frequentemente empregada nos salmos para se referir a Deus: Deus é uma rocha, que me oferece um ponto de apoio firme. Assim consta no Sl 40: "Esperei confiante no Senhor, e Ele se inclinou para mim e ouviu o meu clamor. Tirou-me do fosso fatal, do brejo lamacento, plantou meus pés sobre o rochedo e firmou meus passos" (Sl 40,2s.). Para a mulher que no fim de semana tem medo de despencar, de cair no abismo sem fundo, pode ser útil colocar no apartamento uma bela imagem de uma rocha. Então, ela pode observar a imagem e meditar sobre o salmo. Assim, ela adquire uma ideia do fundamento sobre o qual ela pode permanecer firmemente.

A imagem das mãos afetuosas

Outra imagem que pode ser útil quando estamos expostos à sensação de despencar e cair num abismo sem fundo é a das mãos afetuosas. Todos conhecem a expressão: "Não posso cair mais profundamente do que nas mãos de Deus". Por mais profundamente que caia, as mãos afetuosas de Deus irão me amparar. Quem não se sente tocado por essa imagem espiritual, pode ler para si mesmo bem devagar o poema *Outono*, de Rainer Maria Rilke. As palavras poéticas podem acalmar o seu medo do abismo:

> As folhas caem, caem como que da imensidão,
> Como se no céu murchassem jardins distantes,
> Caem feito acenos denegantes.
> E nas noites cai a densa terra,
> Apartada de todas as estrelas na solidão.
> Todos nós caímos. Esta mão cai também.
> E olha as outras: a decaída é geral.
> Mas Um há que essa queda capital
> com infinita ternura em suas mãos sustém.

A concepção de que todos sejam um

Outra imagem espiritual que pode nos ajudar a lidar com o nosso medo do abismo e da solidão é a de que todos sejam um. Quando suporto a solidão e atravesso a tristeza que surge em mim e vou até o fundo da minha alma, quando através de todos os abismos que se abrem na minha alma penetro no espaço interior do sossego para além de todos os abismos, consigo imaginar que no fundo da minha alma sou um com tudo o que existe. Eu imagino o seguinte: Eu sou um com todas as pessoas que se sentem tão solitárias quanto eu, mas também com todas as pessoas que, até hoje, me deram apoio na minha vida. Eu sou um com a natureza que me sustenta, que não me avalia. Eu faço parte da natureza. Eu me sinto parte dela. Eu sou um com Deus, que me dá apoio, e um comigo mesmo, estou de acordo comigo mesmo na minha carência e no meu medo. Quando me sinto um com todos e com tudo o que existe, surge subitamente um novo sentimento de amparo e de segurança. Aí eu sei: Para além de todos os abismos de que tenho medo, está em mim o fundo da minha alma em que me sinto um com tudo, em que sei que estou vinculado e amparado. Aí se desfaz o medo de cair no abismo.

Essas imagens, por si só, não irão curar a doença. No entanto, quando as conheço e medito sobre elas, deixo de me sentir desamparadamente entregue ao meu medo dos abismos interiores. Posso fazer algo que me ajuda, pelo menos, momentaneamente. E devo confiar e esperar que essas imagens, ao se afigurarem cada vez mais profundamente em mim, transformam gradualmente a mim e a minha doença.

16 A raiva e a irritação

Transformar as energias negativas

Quando subitamente eclodem fortes agressões

A intensa raiva e a forte irritação são sentimentos centrais de uma pessoa que sofre de borderline. *Os acessos de raiva inesperados e violentos constituem até mesmo um dos critérios relevantes para diagnosticar o transtorno* borderline. *Muitas vezes, esses sentimentos podem se manifestar sem grande aviso-prévio para o ambiente e inclusive para os próprios doentes e acabar em intensos acessos de raiva que incluem gritos e destruição de objetos. Inclusive um permanente sentimento interior de raiva, que se volta contra os outros e também contra si mesmo, é relatado por muitas pessoas com a doença.*

Uma jovem paciente com borderline *contava frequentemente sobre os seus acessos de raiva e sobre como sofria com eles. Dizia que eles surgiam subitamente e sem aviso-prévio e que, em decorrência deles, já havia destruído muitas coisas durante a vida.*

Ela sofria desses acessos de raiva principalmente nos seus relacionamentos. Ofensas ou afrontas presumivelmente pequenas, que seus parceiros muitas vezes de modo algum tinham em mente, terminavam num verdadeiro desastre. Um dia, ela flagrou o seu namorado escrevendo uma mensagem aparentemente inocente a um conhecido. Ela ficou tão indignada e não conseguiu controlar a sua raiva a ponto de, sem aviso-prévio, destruir todo o seu quarto e arranhar e morder

o namorado. Foi só quando os pais chamaram a polícia e esta a dete-
ve temporariamente que ela teve consciência do que havia provocado.
Em seguida, ela ficou tão abatida que não queria mais viver e preci-
sou passar alguns dias na unidade fechada da psiquiatria.

Algo parecido sucedeu nos conflitos entre ela e o seu pai, com o
qual tinha uma relação muito complicada. Com frequência, ela era
maciçamente agressiva em relação a ele, diante do que ele reagia com
um comportamento similarmente furioso, de modo que, justamente
na puberdade, chegaram a ocorrer frequentes brigas entre os dois. Era
difícil imaginar a rapidez com que essa jovem mulher ficava furiosa.
Ela mesma sofria muito com essas explosões que geralmente surgiam
sem aviso-prévio efetivo. Ela contou que, na realidade, estava perma-
nentemente furiosa, que uma raiva subjacente a acompanhava desde
a primeira infância e que ela não conseguia relaxar e se alegrar, ou
que ela só conseguia isso sob o efeito do álcool. Em algum momento,
ela se acostumou a sorrir o máximo possível. Outras pessoas teriam
achado isso, por vezes, ignóbil e falso; para ela, contudo, havia se tor-
nado uma estratégia para se contrapor o máximo de tempo possível
aos seus intensos ataques de raiva.

Olhar a raiva

Para essa jovem mulher, certamente é embaraçoso ser atormentada sem aviso-prévio pelos acessos de raiva incontroláveis. Quando
essa raiva vem sem aviso-prévio, a pessoa parece desamparada. Pelo
visto, pouco se consegue fazer em face dessa situação. No entanto, na
conversa com essa jovem mulher, eu olharia mais precisamente para
a raiva que a acompanha de forma subjacente desde a primeira infância. Ao penetrar intuitivamente nessa raiva, quais são as imagens
e associações que surgem nela? Contra quem se dirige a raiva? Qual
foi a primeira vez que ela de fato se manifestou? Acompanhei um homem que, às vezes, estava tão tomado por um transtorno explosivo

intermitente, que batia nas outras pessoas. Ele certamente não tinha o fenômeno *borderline*. No entanto, ele se sentia desamparado diante de seu transtorno explosivo intermitente. Quando lhe perguntei qual foi a primeira vez em que esteve tão irascível, ele se lembrou de uma situação na infância, quando tinha oito anos. Ele havia coletado algumas pedras, limpado cuidadosamente com a sua escova de dentes e colocado sequencialmente em casa sobre a sua escrivaninha. Certo dia, quando chegou da escola, a sua mãe tinha jogado todas as pedras no lixo, que já havia sido recolhido. Naquela ocasião, ele havia tido uma intensa crise de fúria. Ao olharmos essa situação em detalhe, surgiu nele a seguinte mensagem: "Não pise nos meus sentimentos. Não destrua o que me é sagrado!"

Talvez a jovem mulher pudesse contar experiências parecidas: Os seus sentimentos não foram levados a sério. É provável que tenha sido ridicularizada por causa dos seus sentimentos. E, hoje, quando alguma coisa é dita ou acontece algo que a lembra dos sentimentos pisados, ela reage com esses ataques de raiva descontrolados. Os acessos de raiva são uma forma de se defender do medo de não ser levada a sério, de ser abandonada ou de não ser compreendida. É claro que os acessos de raiva não são uma maneira adequada de superar o medo da ofensa. Mas a pessoa deve identificar o verdadeiro objetivo desses acessos de raiva. Então, a energia descarregada neles pode ser orientada para propósitos mais adequados.

A transformação da energia destrutiva

A lembrança do surgimento dos acessos de raiva ainda não protege a jovem mulher da ocorrência deles. No entanto, ao aprender a ficar atenta já previamente aos seus sentimentos, em especial à fúria intensa que a acomete, ela pode fazer um ritual a fim de interromper a manifestação dessa fúria intensa. Ela pode ter sempre na sua bolsa um anjo, que segura na sua mão nessa situação. E pode dizer: Proteja-me, guarda-me de ter meus sentimentos pisados. O anjo pode servir de escudo, que a guarda das afrontas externas e a protege da manifestação dessa raiva cega.

A jovem mulher desenvolveu uma estratégia para se proteger da sua fúria imensa. Era o sorriso. Ele ajudava bastante. Mas não era uma estratégia ideal. Apesar disso, reconheço a sabedoria da alma que reside nessa estratégia. Ela buscou entrar em contato com os sentimentos positivos, para que os sentimentos negativos não saíssem do controle. Não consigo reprimir a fúria. Nesse caso, em algum momento, ela voltará a se manifestar. Contudo, sabendo da profunda ira que existe em mim, posso me acostumar a entrar em contato com a alegria, a gratidão e o humor que também existem em mim. Com o sorriso não devo encobrir a minha raiva. No entanto, ao sorrir posso buscar conscientemente entrar em contato com os sentimentos da alegria, do humor e da bondade. Esses sentimentos também estão em mim. Quanto mais esses sentimentos ganham força em mim, mais fraca se tornará a fúria.

Raiva e fúria são forças agressivas. Precisamos dessas forças agressivas para viver bem, para nos proteger das ofensas e das pessoas que não respeitam os nossos limites. E precisamos delas para assumir o controle da nossa própria vida. No início, portanto, eu iria declarar que a jovem mulher com os seus acessos de raiva tem em si uma grande força. E, em seguida, poderia ver, juntamente com ela, como empregar essa força de maneira mais positiva. Pois quando emprega a sua força apenas para destruir algo e afrontar os outros, ela reage com autocondenação e consciência pesada. O que está em jogo é transformar essa força em uma energia positiva. E a jovem mulher deveria ficar ainda mais atenta aos seus sentimentos, para ter claro quando a raiva aumenta nela e diante do que ela realmente pretende se defender.

Conclusão

Esperamos que nosso livro seja útil para as pessoas com *borderline* também no sentido de encorajá-las a aceitar a doença e a enfrentar as suas adversidades cotidianas. Esperamos ainda que contribua para que também as pessoas não afetadas diretamente pela doença consigam entender melhor a vida anímica – que, por vezes, parece tão incompreensível – dessas pessoas muito sensíveis e muito vulneráveis.

Em conjunto, percorremos alguns aspectos do transtorno de personalidade *borderline* e repetidamente constatamos que alguns de seus sintomas típicos certamente aparecem também nas pessoas que perderam o seu centro. Muitas pessoas conhecem oscilações emocionais extremas, muitas têm medo do vazio interior e outras têm dificuldades de relacionamento. Por isso, os impulsos psicológicos e espirituais presentes neste livro têm em mente, em primeira linha, as pessoas que sofrem de *borderline*. Contudo, podem auxiliar a todos os que, às vezes, sofrem de desarmonia interior e estão expostos a oscilações emocionais a reencontrar o próprio centro.

Na elaboração deste livro, foi decisiva a convicção de que não somos simplesmente vítimas das nossas doenças e da nossa desarmonia, mas que podemos reagir ativamente a elas. Reagimos ativamente ao admitirmos com toda a humildade que necessitamos de uma terapia. É preciso humildade para admitir diante de si mesmo que se está doente e que não se consegue resolver os seus problemas só com boa vontade. Quem sofre de *borderline* precisa de uma terapia para lidar melhor com a situação. E, muitas vezes, precisa também de medicamentos para equilibrar a desarmonia interior e atenuar os ataques de medo.

Uma forma de reação ativa consiste em poder fazer o que está ao nosso alcance. A terapia comportamental desenvolve métodos concretos para lidar com determinados problemas e exercícios que podem ser postos em prática. A tradição espiritual já propunha veredas e exercícios que podem ajudar as pessoas a lidar melhor com a sua vida e com as situações internas e externas difíceis. Os antigos monges entendiam-se como atletas, como combatentes. Eles se equipavam para o seu combate. Desenvolviam um programa de treinamento a fim de conseguir suportar bem o combate da vida. Nessa tradição dos antigos monges, este livro propôs exercícios que as pessoas com *borderline* e as pessoas que sofrem de sintomas típicos de *borderline* podem praticar por iniciativa própria. Além dos exercícios, contamos várias histórias bíblicas. As histórias já têm em si um efeito terapêutico. Elas querem se afigurar em nós, para que encontremos coragem para enfrentar a própria verdade. E as histórias revelam, ao mesmo tempo, como as pessoas são transformadas. Desse modo, despertam também em nós a esperança de, junto com os problemas que nos desgastam, sermos transformados e curados.

Com o objetivo de classificar corretamente o que propusemos, temos de nos precaver diante de dois extremos. O primeiro extremo é a atitude de vítima: Sentimo-nos vítimas da nossa doença ou dos nossos problemas psíquicos. Nada podemos fazer. Colocamos toda a responsabilidade na mão do terapeuta ou do conselheiro espiritual. O outro extremo consiste em pensar que não se precisa de nenhuma terapia: Eu mesmo consigo resolver todos os meus problemas. Eu disponho dos métodos espirituais que me tornam completamente saudável e que têm o potencial de curar todas as doenças psíquicas. Eu consigo me puxar pelos próprios cabelos para fora do pântano. Não preciso de terapia nem de aconselhamento espiritual. Entre esses dois extremos, é importante encontrar a atitude correta em relação à terapia e aos métodos espirituais.

A atitude correta consiste em admitir a própria impotência para curarmos a nós mesmos. Diante do transtorno *borderline*, precisamos de uma terapia. Mas não devemos atribuir toda a responsabilidade para o terapeuta. Nós mesmos podemos fazer alguma coisa que auxilie o nosso processo de cura. Não somos simplesmente vítimas. Devemos abandonar o papel de vítima e refletir sobre a nossa contribuição para encontrar o equilíbrio interior, para chegar ao nosso centro e descobrir as forças terapêuticas da nossa alma. Que nós mesmos podemos fazer algo corresponde à nossa dignidade. Não estamos entregues desamparadamente a nossa constituição psíquica. Nós mesmos podemos fazer alguma coisa.

Contudo, o que está em jogo nos exercícios espirituais que descrevemos não é apenas o nosso agir. Antes, o que está em jogo é, nas imagens, nos rituais, nas palavras, nos exercícios, deixar o próprio Deus agir em nós. Oferecemos a nós mesmos e a nossa constituição psíquica a Deus para que a luz de Deus e o Espírito de Deus possam penetrar em nós e nos encher da força de cura do Espírito Santo. Nos rituais, nos exercícios e nas meditações espirituais, nos entregamos à graça de Deus, para que a força curativa de Deus flua em todas as dimensões do nosso corpo e da nossa alma, em todos os sentimentos caóticos e no vazio interior, e tenha um efeito terapêutico em nós.

Desejamos a todos os que sofrem de *borderline*, e a todos que constantemente saem do seu centro e se sentem internamente dilacerados, que o anjo da esperança, que nunca desiste, possa acompanhá-los. Imaginem que esse anjo da esperança sempre está do lado de vocês e lhes diz: "Não estás entregue simplesmente à tua doença, à tua desarmonia. Não estás sozinho com o teu medo, com a tua desarmonia, com os teus abismos e surtos. Estou contigo. Tenho esperança em ti. Tenho esperança naquilo que ainda não vejo em ti. Espero que encontres o teu centro e a partir desse centro consigas agir de forma diferente em relação a tudo o que hoje te causa medo e te sobrecarrega. Espero que o Espírito de Deus permeie e transforme tudo o que é caótico e abissal em ti e te torne saudável e curado e que consigas viver bem a tua vida, abençoando a ti e as pessoas com que vives".

Indicações médicas para o tratamento do *borderline*

O tratamento de um doente com borderline pode ocorrer – dependendo da motivação da pessoa afetada e da gravidade da manifestação dos sintomas – na unidade ambulatorial, semiestacionária e estacionária. Não é raro que também um tratamento, ou seja, uma intervenção em situação de crise seja necessária numa unidade gerenciada e protegida, muitas vezes inclusive contra a vontade do paciente. Isso ocorre especialmente quando há uma falta de percepção da doença, a pessoa tem tendência ao suicídio ou assume um comportamento tão intensamente autodestrutivo que a sua capacidade de consentimento está reduzida ou suspensa.

O tratamento pode consistir em elementos farmacológicos, embora não exista um medicamento autorizado especificamente para o tratamento do borderline. A escolha dos respectivos medicamentos se orienta principalmente pelos sintomas – como, por exemplo, um humor depressivo, divagação da mente, rupturas agressivas, estados de tensão ou de medo e reações de pânico. Os diversos medicamentos podem ser escolhidos das classes de antidepressivos, antipsicóticos, estabilizadores de humor, ansiolíticos, sedativos etc.

Além da farmacoterapia sintomática, existem diversos recursos psicoterapêuticos para o tratamento do transtorno borderline.

A capacidade de entender a própria doença e o tratamento proposto é uma condição básica para lidar de modo autorresponsável *com a doença e com sua gestão bem-sucedida. Um importante pilar na terapia é, portanto, a assim chamada psicoeducação: Aí se trata de interpretar os fatos médico-científicos de modo que sejam bem entendidos pelos pacientes e pelos seus familiares. Nesse contexto, são apresentados inclusive diversos modelos que explicam o surgimento e a manutenção do transtorno.*

Uma vez que as mudanças de comportamento são importantes, aplicam-se outros enfoques terapêuticos nesse caso. Um tratamento segundo a abordagem cognitivo-comportamental busca entender e modificar os problemas dos pacientes. Ela presume que aquilo que inquieta as pessoas não são as próprias coisas, mas as ideias que elas têm das coisas. Amplamente difundida está, por exemplo, a terapia comportamental dialética (TCD), desenvolvida pela psicóloga norte-americana Marsha N. Linehan. "Dialético" significa que os opostos aparentes no mundo dos pacientes são levados em consideração a fim de desfazê-los e, pouco a pouco, integrá-los.

O TCD consiste em elementos terapêuticos individuais e grupais, em que se transmitem temas, como a tolerância ao estresse, a redução das tensões, a regulação das emoções, a atenção interna, e se praticam aptidões sociais. Também é importante envolver a família, a fim de, por exemplo, melhorar a sua comunicação.

Além disso, as abordagens da psicologia profunda e da psicologia dinâmica podem ser úteis para tratar experiências de relacionamentos traumáticos, fortalecer as funções do eu e, assim, alcançar um incremento no controle dos impulsos e na tolerância ao medo e conseguir uma melhora nos relacionamentos.

Ainda que a doença borderline *represente um transtorno psiquiátrico grave e, nesse caso, muitas vezes, se constate a manifestação de outras doenças, como, por exemplo, depressões, dependência de substâncias, distúrbios alimentares, Tdah etc., o prognóstico quanto à respectiva terapia no que se refere à tendência suicida e à automutilação é fundamentalmente positivo. No entanto, as inúmeras interrupções da terapia caracterizam o tratamento dos doentes com* borderline *e também os problemas, como a instabilidade emocional, continuam a subsistir por vezes em longo prazo.*

Referências

BOHUS, M. (org.) (2002). *Borderline-Störung* [Transtorno *borderline*]. Göttingen: Vandenhoeck & Ruprecht.

Borderline-Plattform [Disponível em: http://*borderline*-plattform.de/].

BRUNNER, R. & RESCH, F. (orgs.) (2009). *Borderline-Störung und selbstverletzendes Verhalten bei Jugendlichen*: Ätiologie, Diagnostik und Therapie [Transtorno *borderline* e comportamento automutilante em adolescentes: Etiologia, diagnóstico e terapia]. Göttingen: Vandenhoeck & Ruprecht.

DREWERMANN, E. (2003). *Das Johannes-Evangelium* – Bilder einer neuen Welt [O Evangelho de João – Imagens de um novo mundo]. Parte 1. Düsseldorf: Patmos.

EVÁGRIO PÔNTICO (2010). *Die grosse Widerrede* – Antirrhetikos [O grande contra-argumento – Antirrético]. Trad. de Leo Trunk. Münsterschwarzach: Vier Türme.

HERPERTZ-DAHLMANN, B. (org.) (2008). *Entwicklungspsychiatrie* – Biopsychologische Grundlagen und die Entwicklung psychischer Störungen [Psiquiatria do desenvolvimento – Fundamentos biopsicológicos e o desenvolvimento dos transtornos psíquicos]. 2. ed. Stuttgart: Schattauer.

KERNBERG, O.F. (1992). *Objektbeziehungen und Praxis der Psychoanalyse* [A relação de objetos e a práxis da psicanálise]. Stuttgart: Klett-Cotta.

KREISMAN, J.J. & STRAUS, H. (1992). *Ich hasse dich, verlass mich nicht* – Die schwarzweisse Welt der *Borderline*-Persönlichkeit [Eu te odeio, não me abandones. O mundo em preto e branco da personalidade *borderline*]. Munique: Kösel.

RAUCHFLEISCH, U. (2015). *L(i)eben mit* Borderline – Ein Ratgeber für Angehörige [Viver/Amar com *borderline* – Um guia para familiares]. Ostfildern: Patmos.

REMSCHMIDT, H.; SCHMIDT, M. & POUSTKA, F. (orgs.) (2012). *Multiaxiales Klassifikationsschema für psychische Störungen des Kindes und Jugendalters nach ICD-10 der WHO* [Esquema de classificação multiaxial dos transtornos psíquicos da idade infantil e juvenil segundo a CID-10 da OMS]. Berna: Huber.

SENDERA, A. & SENDERA, M. (2010). *Borderline*: Die andere Art zu fühlen – Beziehungen verstehen und leben [*Borderline*: A outra forma de sentir – Compreender e viver as relações]. Viena: Springer.

A vida merece um sentido
Sinais de Deus no caminho

Dom Itamar Vian
Frei Aldo Colombo

Jesus foi um excelente contador de história. Foi o pregador dos caminhos e nas suas pregações aparece seguidamente o cotidiano. Ele falava dos lírios do campo, das aves do céu e das searas maduras. Também estava atento à dona de casa que procurava a moeda perdida, ao pai que acolheu o filho pródigo e ao negociante que vendeu tudo para comprar uma pérola. Suas parábolas estão cheias de luz e são compreensíveis por todos.

Neste livro, de maneira direta e simples, como é a "maneira franciscana" de se comunicar, os autores procuram apresentar facetas do amor no dia a dia de cada um de nós. Tais expressões de amor são, na verdade, sinais da presença de Deus em nossa vida.

Dom Itamar Vian nasceu em Roca Sales, interior do Rio Grande do Sul, no dia 27 de agosto de 1940. Ingressou na Ordem dos Frades Menores Capuchinhos, tendo sido ordenado sacerdote a 1º de dezembro de 1968. Durante 16 anos trabalhou na formação inicial. Em 1984 foi sagrado bispo de Barra, na Bahia, e em 2002 passou, para a Diocese de Feira de Santana, como arcebispo. Na CNBB foi membro do Conselho Permanente. Em sua atuação pastoral sempre dedicou especial atenção aos meios de comunicação social.

Frei Aldo Colombo pertence à Ordem dos Frades Menores Capuchinhos do Rio Grande do Sul. Nasceu no município de Rolante, RS, aos 9 de novembro de 1937. Foi ordenado sacerdote em 12 de julho de 1964. Em três períodos exerceu a missão de ministro provincial. Pelo espaço de quatro anos atuou na Conferência dos Religiosos do Brasil, no Rio de Janeiro, como diretor de cursos. Atualmente reside em Garibaldi, RS, como superior da fraternidade. Sempre esteve ligado à Pastoral da Comunicação, especialmente no *Correio Riograndense*, onde atuou por 23 anos.

CULTURAL

Administração
Antropologia
Biografias
Comunicação
Dinâmicas e Jogos
Ecologia e Meio Ambiente
Educação e Pedagogia
Filosofia
História
Letras e Literatura
Obras de referência
Política
Psicologia
Saúde e Nutrição
Serviço Social e Trabalho
Sociologia

CATEQUÉTICO PASTORAL

Catequese
Geral
Crisma
Primeira Eucaristia

Pastoral
Geral
Sacramental
Familiar
Social
Ensino Religioso Escolar

TEOLÓGICO ESPIRITUAL

Biografias
Devocionários
Espiritualidade e Mística
Espiritualidade Mariana
Franciscanismo
Autoconhecimento
Liturgia
Obras de referência
Sagrada Escritura e Livros Apócrifos

Teologia
Bíblica
Histórica
Prática
Sistemática

REVISTAS

Concilium
Estudos Bíblicos
Grande Sinal
REB (Revista Eclesiástica Brasileira)
SEDOC (Serviço de Documentação)

VOZES NOBILIS

Uma linha editorial especial, com importantes autores, alto valor agregado e qualidade superior.

VOZES DE BOLSO

Obras clássicas de Ciências Humanas em formato de bolso.

PRODUTOS SAZONAIS

Folhinha do Sagrado Coração de Jesus
Calendário de mesa do Sagrado Coração de Jesus
Agenda do Sagrado Coração de Jesus
Almanaque Santo Antônio
Agendinha
Diário Vozes
Meditações para o dia a dia
Encontro diário com Deus
Guia Litúrgico

CADASTRE-SE
www.vozes.com.br

EDITORA VOZES LTDA.
Rua Frei Luís, 100 – Centro – Cep 25689-900 – Petrópolis, RJ
Tel.: (24) 2233-9000 – Fax: (24) 2231-4676 – E-mail: vendas@vozes.com.br

UNIDADES NO BRASIL: Belo Horizonte, MG – Brasília, DF – Campinas, SP – Cuiabá, MT
Curitiba, PR – Fortaleza, CE – Goiânia, GO – Juiz de Fora, MG
Manaus, AM – Petrópolis, RJ – Porto Alegre, RS – Recife, PE – Rio de Janeiro, RJ
Salvador, BA – São Paulo, SP